Ein Vielzweck-Zauber für Anfänger

und eine Landkarte
für die wesentlichen Formen der Magie

Kontakt: www.HarryEilenstein.de
          Harry.Eilenstein@web.de
          Harry Eilenstein bei youtube

Impressum: Copyright: 2022 by Harry Eilenstein – Alle Rechte, insbesondere auch das der Übersetzung, vorbehalten. Kein Teil des Buches darf ohne schriftliche Genehmigung des Autors und des Verlages (nicht als Fotokopie, Mikrofilm, auf elektronischen Datenträgern oder im Internet) reproduziert, übersetzt, gespeichert oder verbreitet werden.

Herstellung und Verlag: BoD – Books on Demand, Norderstedt

ISBN: 9783756832156

Inhaltsverzeichnis

1. Der Vielzweck-Zauber

In der Magie gibt es viele verschiedene Methoden, Rituale, Richtungen, Stile, Verwendungszwecke, Werkzeuge, Vorgehensweise, Weltanschauungen, Traditionen, Überzeugungen usw. Daher könnte es für den Anfänger hilfreich sein, ein einfaches Werkzeug zu haben, das sich in den verschiedensten Situationen und für die verschiedensten Zwecke anwenden läßt. Es wäre auch wünschenswert, daß dieses System organisch ist, da dies dem System eine deutlich größere innere Stabilität geben würde.

Das magische Werkzeug, das in diesem Buch beschrieben wird, hat einen Grundstock – sozusagen die Hardware – auf der ein einfaches Programm läuft, das je nach Bedarf durch die für die anstehende Aufgabe passende „App" ergänzt werden kann.

Man kann dieses Hilfsmittel als Magie-Methode ansehen oder als Meditation oder teilweise auch als angewandte Psychologie – letztlich ist das jedoch egal. Diese Werkzeug stammt aus keiner bestimmten Tradition, aber seine Bestandteile lassen sich in vielen verschiedenen Traditionen und oft auch in den Naturwissenschaften wiederfinden – was zeigt, daß es sich um ein grundlegendes Werkzeug handelt, das weitgehend unabhängig von einer bestimmten Weltanschauung ist.

Es ist sinnvoll, sich Zeit für das Kernstück dieser Methode zu nehmen, da Häuser ohne solides Fundament nicht sehr sicher stehen. Aber das ist auch eine Stilfrage – mancher schafft sich erst ein solides Fundament und baut dann schrittweise darauf auf, während andere ihre neuen Werkzeuge sofort anwenden und während der Anwendung dazulernen und schrittweise souveräner werden. Das sollte jeder so halten, wie es ihm am besten gefällt und wie es ihm am leichtesten fällt.

Die folgenden Kapitel haben zwar eine sinnvolle Reihenfolge, d.h. eine innere Logik, aber sie müssen keinesfalls in dieser Reihenfolge gelesen, ausprobiert, angewandt, geübt usw. werden. Die Reihenfolge der praktischen Anwendung sollte von dem ausgehen, was man gerade benötigt.

2. Das Zentrum

Das Kernstück dieses Vielzweck-Zaubers ist das Herzchakra. Dieses Chakra ist auch das Zentrum des Chakrensystems. Die Chakren sind wiederum die Organe des Lebenskraftkörpers und die Lebenskraft ist das, was die Magie bewirkt. Es gibt also Sinn, mit dem zentralen Organ der eigenen Lebenskraft zu beginnen.

Genau genommen ist die Lebenskraft weder eine Kraft noch eine Substanz, sondern der Übergang, die Grenze und der Kontakt zwischen Materie und Bewußtsein. Für alle praktischen Belange genügt es jedoch, sich die Lebenskraft als die Magie-Kraft/Substanz vorzustellen, die man als Hitze spüren, als milchigweißen Nebel sehen und durch das Bewußtsein so lenken kann, daß die Lebenskraft psychische und physische Wirkungen hat und den Zufall beeinflußt.

Das Herzchakra befindet sich in der Mitte der Brust, also hinter der Mitte des Brustbeins. Man kann sich dieses Chakra auch als die Hauptstadt des Königreiches des eigenen Lebenskraftkörpers vorstellen oder als den Tempel, in dem die eigene Seele wohnt. Mit „Seele" ist hier das gemeint, was sich in einem selber inkarniert hat – also sozusagen die „Eichel", aus der heraus man im Verlauf seiner bisherigen Biographie zu der „Eiche" entwickelt hat, die man heute ist.

Wenn das Herzchakra bzw. die eigene Seele in ihm das Zentrum des eigenen Lebenskraftkörpers und somit letztlich auch die Quelle der eigenen Magie ist, dann ist es sinnvoll, das eigene Herzchakra kennenzulernen, es möglichst bewußt wahrzunehmen und es zu „aktivieren", also auch bewußt zu dem Zentrum des eigenen Wesens zu machen – wobei es unbewußt natürlich bereits das eigene Zentrum ist.

Man kann die Bedeutung des Herzchakras und der eigenen Seele in ihm auf eine einfache Weise deutlich machen: Die Begegnung mit der eigenen Seele beendet die Suche nach dem Sinn des Lebens, weil man ihn dann vor sich stehen sieht – der Lebenssinn besteht ganz schlicht darin, daß man das, was man wirklich ist, in seinem Leben ausdrückt.

Die Geste, die dazu gehört, ist ebenfalls sehr einfach: Das Licht der eigenen Seele im Herzchakra hemmungslos und völlig ungehindert von innen durch die Psyche nach außen hin in jede Haltung und Handlung strahlen lassen.

O.k. – das ist natürlich nicht so ganz einfach, aber diese Grundgeste gibt Orientierung im eigenen Leben. Diese Grundgeste ist auch das Fundament des Vielzweck-Zaubers, der in diesem Buch beschrieben wird.

Der Lebenskraftkörper ist die Hardware, die Grundgeste ist die grundlegende Software, die Erweiterungen dieses Programms für die verschiedenen Anwendungsmöglichkeiten sind die Apps und das eigene Bewußtsein ist der Anwender – der Programmierer des Ganzen ist die Seele.

Die Methoden, das Herzchakra zu aktivieren bzw. bewußt zu machen, bestehen aus zwei Aspekten: zum einen darin, Lebenskraft in das Herzchakra zu lenken, und zum anderen darin, das Herzchakra bzw. die eigene Seele in ihm wahrzunehmen.

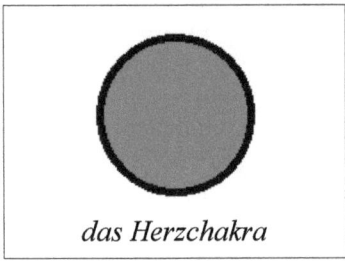

das Herzchakra

Von der Form her ist das Herzchakra zunächst einmal eine Kugel – wie ein Planet oder eine Sonne, die durch die Gravitation zusammengehalten wird. Die Lebenskraft, die man in dieses Chakra lenkt, wird dort ebenfalls wie durch eine „Lebenskraft-Gravitation" gehalten.

App 1:   Die Aktivierung des Herzchakras

Es gibt eine recht einfache Methode, das eigene Herzchakra zu stärken. Sie besteht darin, in das eigene Herzchakra zu atmen.

Bei dieser Methode stellt man sich beim Einatmen vor, Lebenskraft einzuatmen und sie in das eigene Herzchakra zu lenken und dann beim Ausatmen die Lebenskraft dort aufleuchten und strahlen zu lassen.

Dabei kann man die Lebenskraft einfach aus der Luft einatmen oder sie aus der Sonne, dem Mond, der Erde, einem Berg, dem Meer, einem Feuer usw. ziehen. Man sollte einfach mit der Methode beginnen, die einem am nächsten liegt und die am passendsten zu sein scheint.

Am effektivsten zur Förderung des Herzchakras ist natürlich die innere Haltung: sich selber als die Mitte des eigenen Lebens ansehen, sich selber treu sein, sich selber hemmungslos ausdrücken, eben wie eine Sonne strahlen – man kann das Herzchakra schließlich auch das „Sonnenchakra" nennen.

Aber da nicht jeder in seinem Horoskop die Sonne im 1. Haus stehen hat, ist diese innere Haltung der vollkommen sicheren Selbstgewißheit, der uneingeschränkten Selbstliebe und des hemmungslosen Selbstausdrucks oft nicht so einfach zu erreichen. Daher ist es ganz praktisch, daß es diese Atem-Methode gibt, mit der man das Herzchakra aktivieren kann.

Wie bei fast allen Dingen, läßt sich nicht sicher vorhersagen, wie schnell dieser Herzchakra-Atem eine Wirkung zeigt. Wie man im Rheinland so treffend sagt: „Jeder Jeck ist anders."

App 2:   Der erste Kontakt zur Seele

Das Herzchakra ist der Ort in dem eigenen Lebenskraftkörper, von dem letztlich alle Impulse ausgehen und der die Quelle der gesamten Psyche und des eigenen Körpers ist. Das, was an diesem Ort zu finden ist, ist die eigene Seele. Der Herzchakra-Atem bezieht sich daher nicht auf den Ort im Körper, sondern eigentlich auf die Seele an diesem Ort.

Wenn man diese Vorstellung plausibel findet oder die eigene Seele bereits kennengelernt hat, kann man daher die in der „App 1" beschriebene Atem-Methode durch ein Mantra ergänzen. Dieses Mantra besteht darin, daß man beim Einatmen und beim Ausatmen innerlich das Wort „*Seele*" spricht, also „*Seele – Seele*".

Wenn man einen Namen für die eigene Seele hat oder die Seele sich einem selber bereits mit einem Namen vorgestellt hat, ist es natürlich sinnvoll, statt dem abstrakten „*Seele*" diesen konkreten Namen der eigenen Seele zu verwenden. Man kann auch einen umschreibenden Namen verwenden wie z.B. „*Goldkugel*" oder „*Sonne*", wenn man die eigene Seele in der Gestalt einer leuchtenden goldenen Kugel gesehen hat – oder „*Faun*", wenn sie einem als Mann mit Bocksbeinen und Hörnern erschienen ist, oder „*Madonna*", wenn man sie als eine sanftmütige Göttin gesehen hat.

Der Herzchakra-Atem besteht nun beim Einatmen aus dem Aufnehmen von Lebenskraft und dem Lenken der Lebenskraft ins Herzchakra, wobei man innerlich „*Seele*" oder den konkreten Namen der Seele spricht, sowie beim Ausatmen aus dem Aufleuchtenlassen der Lebenskraft im eigenen Herzchakra, wobei man wieder innerlich „*Seele*" bzw. den konkreten Namen der eigenen Seele spricht.

Durch die Verwendung eines Mantras ist dieser Herzchakra-Atem nun schon etwas komplexer geworden, weshalb man diese Methode nun schon „Herzchakra-Meditation" nennen könnte.

App 3:   Das Bild der eigenen Seele

Wenn man die eigene Seele bereits innerlich gesehen hat und daher ein Bild von ihr hat, ist es sinnvoll, bei dieser Herzchakra-Meditation zwischendurch immer wieder einmal dieses Bild der eigenen Seele im eigenen Herzchakra zu imaginieren.

Man kann sich auch selber in der Gestalt der eigenen Seele imaginieren.

Diese Erweiterung der Herzchakra-Meditation ist sehr wirkungsvoll.

App 4:   Die Differenzierung des Mantras

Das erste Mantra besteht einfach darin, daß man sich an die eigene Seele wendet und das Mantra innerlich beim Einatmen und beim Ausatmen spricht: *„Seele – Seele"*.

Das zweite Mantra besteht aus dem konkreten Namen der eigenen Seele oder einem beschreibenden Namen für die eigene Seele: *„Name der Seele – Name der Seele"*. Für dieses Mantra muß man natürlich den Namen der eigenen Seele kennen bzw. sie schon einmal innerlich gesehen haben.

Das dritte Mantra ist ein wenig komplexer. Beim Einatmen spricht man weiterhin das Wort *„Seele"* bzw. den Namen der eigenen Seele, doch beim Ausatmen spricht man innerlich das Wort *„Liebe"*. Dieses Mantra, also *„Seele – Liebe"*, sollte man jedoch nur dann verwenden, wenn man zumindestens in Anfängen die Liebe zur eigenen Seele, d.h. letztlich die eigene Selbstliebe fühlt.

Die Herzchakra-Meditation mit diesem Mantra hat eine stärkere Wirkung als die Herzchakra-Meditation mit den beiden vorigen Mantren, da sie nicht nur aus einer Imagination (Lebenskraft-Lenkung) und einer inneren Ausrichtung (Bedeutung des Mantras) besteht, sondern zusätzlich auch noch ein Gefühl enthält: die Liebe zur eigenen Seele bzw. zu sich selber.

Diese Herzchakra-Meditation besteht nun schon aus mehreren Elementen:

> - aus der Imagination der Lebenskraft,
> - aus der Ausrichtung auf die eigene Seele durch das Mantra,
> - aus dem mit dem Wort *„Liebe"* verbundenen Gefühlen, und
> - aus der gelegentlichen Imagination der Gestalt der eigenen Seele.

Man kann – wenn dies für das eigene Verständnis förderlich sein sollte – diese vier Bestandteile der Herzchakra-Meditation vier Planeten sowie dem kabbalistischen Lebensbaum zuordnen:

- Lebenskraft	- Mond	- Yesod
- Mantra	- Merkur	- Hod
- Gefühle	- Venus	- Netzach
- Bild der Seele	- Sonne	- Tiphareth

App 5:   Die Herzchakra-Stadt

Im „Golden Dawn"-Orden oder zumindestens im Umfeld des Golden Dawn ist eine Meditation üblich gewesen, mit deren Hilfe man der eigenen Seele begegnen kann. Wie lange man diese Meditation durchführen muß, bis sie zu der Begegnung mit der eigenen Seele führt, läßt sich nicht vorhersagen – dafür sind die Menschen zu verschieden.

Diese Meditation sieht wie folgt aus:

Man stellt sich vor, durch eine öde Landschaft zu gehen, die eine Wüste oder Halbwüste ist. Man trägt selber einfache Kleidung, die mittelalterlich wirkt.

Nach einer Weile sieht man die Stadtmauern eine großen Stadt. Auch diese Stadt wirkt mittelalterlich.

Man betritt die Stadt durch das große Stadttor. Evtl. sieht man dabei einen Wächter, der jedoch nicht mit einem spricht.

In der Stadt geht man zu der Mitte der Stadt. In der Stadt gibt es viele Kanäle, Teiche und ähnliches. An vielen Straßen stehen Alleebäume. Zunächst scheint die Stadt menschenleer zu sein, doch nach und nach sieht man auch einmal einen Menschen.

In der Mitte der Stadt steht ein kreisrunder Tempel mit einem Kuppeldach, das oben offen ist.

Man betritt diesen Tempel und stellt sich dort in die Mitte und „entflammt sich im Gebet an die eigene Seele".

Dieses „sich mit Gebet entflammen" klingt ziemlich altmodisch, aber es beschreibt die Wirkung der Einsgerichtetheit auf die eigene Seele ziemlich gut. Je stärker man sich danach sehnt, die eigene Seele zu treffen, desto wirksamer ist diese Methode.

Es gibt u.a. Bilder von Mohammed, in denen er dargestellt wird, wie er zu Allah betet und dabei ganz von Flammen eingehüllt ist. Auch der tanzende Shiva ist von solch einer Flammen-Aura umgeben. Weiterhin wird auch die erwachte Kundalini manchmal als Flammenhülle um den Körper eines Menschen dargestellt. Die Formulierung „sich im Gebet entflammen" ist also recht zutreffend.

Man muß für sich selber schauen, wie man dieses „sich-Entflammen" am besten erreichen kann, wenn man in diesem Herzchakra-Tempel steht und sich nach oben hin so öffnet wie auch dieser Tempel nach oben hin offen ist. Möglicherweise spricht man einfach das Wort „Seele" als Mantra oder man spricht die eigene Seele an und bittet sie zu erscheinen.

App 6:   Die Traumreise zur eigenen Mitte

Man kann auch eine Traumreise zu eigenen Mitte unternehmen. Dafür kann man verschiedene Symbole als „Tür" benutzen. Bei diesem Verfahren setzt oder legt man sich hin, schließt die Augen und stellt sich eine Tür, ein Tor, einen Vorhang o.ä. vor, auf dem sich das betreffende Symbol befindet. Dann geht man in seiner Vorstellung durch dieses Tor und schaut, was man auf der anderen Seite findet.

Einige der möglichen Symbole für die „Traumreise zur eigenen Mitte" sind im Folgenden abgebildet, wobei das linke Symbol zu den ausgewogendsten Bilder zu führen scheint:

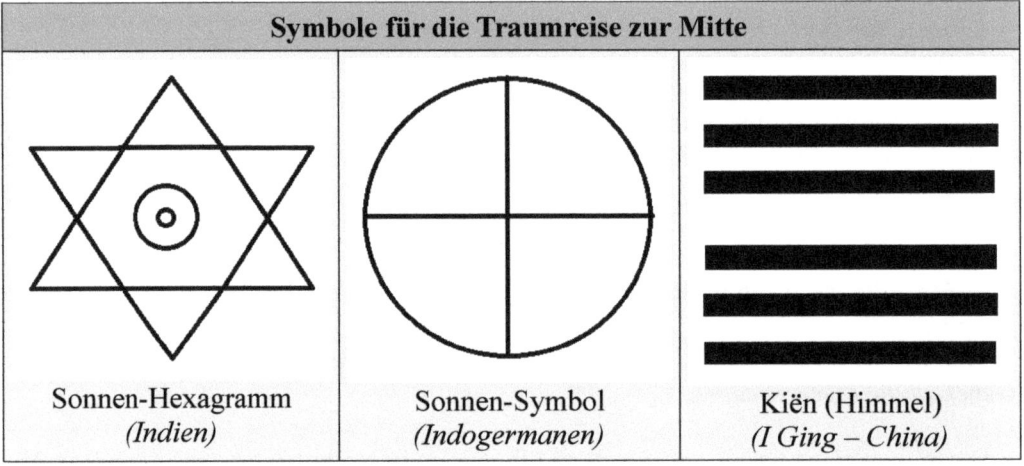

Symbole für die Traumreise zur Mitte		
Sonnen-Hexagramm *(Indien)*	Sonnen-Symbol *(Indogermanen)*	Kiën (Himmel) *(I Ging – China)*

Dieses Verfahren kann man auch alleine durchführen, doch es ist am einfachsten, wenn man es zusammen mit jemanden benutzt, der Übung mit Traumreisen hat und sozusagen die Funktion des „Reiseleiters" übernimmt. Wenn man in solchen Dingen noch ungeübt ist, ist es die Durchführung einer solchen Traumreise wesentlich leichter, wenn man einen Begleiter hat, der sozusagen ein „Pfadfinder mit einer Landkarte" ist, wobei diese Landkarte daraus entsteht, daß man schon viele solcher Traumreisen zur eigenen Mitte begleitet hat.

Wenn man durch diese innere Tür gegangen ist, sucht man den Weg zur Mitte des Bereiches, in dem man sich befindet.

Dabei kann man ein rotes Wollknäuel benutzen, das man sich vorstellt: Das Ende des Fadens bindet man sich ans Handgelenk und wirft dann das Knäuel hoch und sagt ihm, daß es dort niederfallen soll, wo die eigene Mitte ist. Dann folgt man diesem „roten Faden".

Die Mitte in diesem Bereich kann man an verschiedenen Merkmalen erkennen. Dort kann ein See sein, eine Insel, ein Tempel, eine Burg, eine Lichtung, eine Wegkreuzung oder sonst ein Symbol des Zentrums. Dort erscheint dann die eigene Seele – welche Gestalt sie annimmt, um für einen selber in ihrer Qualität verständlich zu sein, kann man natürlich nicht vorher wissen.

Versuch 1: Smilie

Die große Bedeutung und Wirkung der eigenen inneren Bilder, der inneren Haltung und der inneren Ausrichtung bei jeder Tätigkeit ist möglicherweise nicht immer ganz offensichtlich. Um dies zu illustrieren, gibt es jedoch einen einfachen Versuch.

Smilie

Für diesen „Smilie-Versuch" braucht man ein Blatt Papier, auf das der links abgebildete „Smilie" gezeichnet wird. Dieses Blatt mit der Zeichnung wird so an den Rand eines Tisches gelegt, daß ein Mensch, der vor dem Tisch steht, dieses Bild wie links abgebildet sieht.

Nun stellt sich Person A vor den Tisch und breitet seine Arme nach links und rechts wie ein „T" bzw. wie ein Kreuz aus. A soll bei den folgenden Versuchen seine Arme möglichst in dieser Haltung halten und sie nicht ändern.

Person B stellt sich hinter A und legt ihre rechte Hand auf den rechten Ellenbogen von A und ihre linke Hand auf den linken Ellenbogen von A. A blickt auf den Smilie und B drückt auf die Ellenbogen von A. Nichts passiert – B kann sich auf die Ellebogen von A aufstützen und seine Füße in der Luft baumeln lassen.

Smilie

Nun wird das Smilie umgedreht (siehe die Abbildung links) und der Versuch wird in derselben Weise wiederholt – und die Arme von A klappen kraftlos nach unten. A ist nicht in der Lage, seine Arme oben ausgestreckt zu halten.

Dieser Versuch zeigt deutlich, daß die Bilder, auf die man äußerlich ausgerichtet ist – und sehr wahrscheinlich auch die, auf die man innerlich ausgerichtet ist – eine große Wirkung auf die eigene Kraft und Handlungsfähigkeit haben. Es lohnt sich folglich, stets auf das, was man will – und somit letztlich auf sich selber und auf die eigene Seele – ausgerichtet zu sein.

Versuch 2:   Shaolin

Für den „Shaolin-Versuch" wird eine Tischplatte, ein Zaunpfahl oder etwas ähnliches gebraucht, das eine glatte Fläche in ungefähr 1,20m Höhe hat.

Person A legt ihre rechte Faust auf diese Fläche. Person B und Person C ergreifen das Handgelenk und die Faust von A und halten sie auf der Fläche fest.

Nun blickt A auf seine Faust, die von B und C festgehalten wird, und versucht sie fortzuziehen – vergeblich …

Jetzt wird die Versuchsanordnung verändert: A wendet sich von B und C fort und blickt in seine linke Handfläche, die er mit leicht angewinkeltem Arm im Abstand von ca. 40cm vor seine Augen hält – und geht einfach fort und zieht B und C hinter sich her.

Bei diesem Versuch ist die Geste, die den Unterschied macht, das Blicken in die eigene Hand und das „sich nicht um die beiden, die die Faust festhalten, kümmern".

Hier gibt es zwei Deutungsmöglichkeiten:

> - B und C verlieren an Kraft, weil sie sehen, daß A sich nicht um sie kümmert.

> - A gewinnt an Kraft, weil er sich nicht um B und C kümmert.

Zunächst einmal gibt es hier keine Möglichkeit, sich für eine der beiden Deutungen als die zutreffende Beschreibung zu entscheiden. Es ist jedoch beachtenswert, daß sich hier die Deutungs-Variante aufdrängt, daß A stärker geworden ist und nicht B und C schwächer.

Wirkung: Die bewußte Identität

Die Wirkung der in diesem Kapitel beschriebenen Methoden ist eine bewußte Identität, der Kontakt zur eigenen Seele, die Kenntnis der eigenen Mitte, die Selbstgewißheit, das Erwachen des Herzchakras, das Ruhen in der eigenen Mitte – was letztlich alles dasselbe ist.

Dies ist die Grundlage für alle weiteren magischen und meditativen Methoden, die im Folgenden noch beschrieben werden. Das bedeutet jedoch nicht, daß man erst einen soliden Kontakt zur einen Seele erreichen muß, bevor man irgendetwas anderes machen kann – dieser Kontakt kann auch nach und nach wachsen. Es bedeutet nur, daß alles, was man in magischer Hinsicht unternimmt, durch einen guten Kontakt zur eigenen Seele gefördert wird.

Wenn man die eigene Seele kennt, kennt man die eigene innere Quelle. Dann kann man dahin kommen, daß alles, was man tut, aus derselben Quelle fließt. Das führt wiederum dazu, daß das, was man tut, nach und nach immer widerspruchsfreier wird – was wiederum die Effektivität der eigenen Handlungen in beachtlichem Maße fördern wird.

Der „Shaolin"-Versuch zeigt, daß schon die einfache Konzentration auf sich selber und sekundär somit auch auf das, was man will, eine beachtliche magische Kraft freisetzt.

Wenn Selbstliebe statt Selbstzweifel das Fundament des eigenen Lebens ist, kann man davon ausgehen, daß das eigene Leben wesentlich besser gedeihen wird.

3. Die Rotation

Wenn man längere Zeit, täglich mindestens dreimal für 5-10 Minuten die Herzchakra-Meditation durchführt, entsteht ein interessanter Effekt: Die Meditation wird stabil, sie trägt sich selber, sie wird weitgehend mühelos – die Meditation wird zu einem sich selber stabilisierenden Vorgang.

Diesen Effekt kann man am ehesten bildhaft beschreiben: Es ist, als könnte man sich entspannt in die Meditation hineinlegen und sich von ihr tragen lassen. Oder als wäre man einen Berg hinaufgestiegen und hat dann auf dem Gipfel des Berges anstelle eine Spitze eine Mulde, ein kleines Tal gefunden, in das man sich legen kann.

Ab diesem Punkt trägt die Meditation sich selber und man muß sich nicht mehr absichtlich konzentrieren – die Konzentration ist von selber da und erhält sich selber aufrecht. Das ist ein sehr angenehmer Zustand – sozusagen eine als inneren Lebenskraft-Zustand empfundene Selbstsicherheit und Selbstgewißheit. Man ist sein eigener innerer Halt geworden, man ist sein eigener Bezugspunkt.

Man kann sich das ein wenig so vorstellen, daß durch den Atem, die Imagination und das Mantra ein innerer Rhythmus erzeugt wird, der dann, wenn er erst einmal entstanden ist, sich selber aufrecht erhält und weiterschwingt.

Nach einer Weile kann man dann erleben, wie das Herzchakra auf eine weiche, warme Weise zu glühen beginnt – es wird einem „warm ums Herz". Dieses Glühen ist eine Liebe, die einfach da ist und die sich auf niemand Konkretes bezieht – es ist einfach Liebe, die in sich selber erfüllt ist und die nichts braucht. Diese Herzchakra-Meditation lohnt sich schon einfach dafür, dieses Gefühl haben zu können.

Wenn dies auftritt, beginnt man zu lächeln wie Buddha oder wie altägyptische Statuen – und dieses Lächeln wird dann zu diesem grundlosen „Honigkuchenpferd-Grinsen".

Ein zweiter Effekt, der auftreten kann, ist ein Pulsieren im Herzchakra. Dieser Effekt scheint jedoch leichter bei Meditationen und Atem-Lenkungen in das Dritte Auge und bei Aktivierungen der Handchakren aufzutreten.

Dieses Pulsieren geht dann nach einer Weile in ein Rotieren über, das im Grunde nur eine klarere Wahrnehmung des Pulsierens ist. Von diesem Erlebnis des Rotierens in den Chakren ist auch deren Name abgeleitet worden: „Chakra" bedeutet „Rad".

Dieses Rotieren des Herzchakras hat eine wichtige Wirkung – wobei diese Wirkung in geringerem Maße auch schon eintritt, wenn man dieses Pulsieren und Rotieren noch nicht spürt.

Diese Wirkung läßt sich am leichtesten durch eine Analogie aus der Physik beschreiben. Wenn sich eine elektrische Ladung bewegt, entsteht ein Magnetfeld. Wenn diese elektrische Ladung rotiert, bündelt sich das Magnetfeld zu zwei Magnetstrahlen, die genau entlang der Rotationsachse der rotierenden Ladung verlaufen. Diese rotierende Ladung kann ein Atom sein, ein Planet, eine Sonne, eine Galaxie. Sie alle haben zwei Magnetstrahlen an ihrer Rotationsachse.

Bei den Galaxien werden diese beiden Magnetstrahlen „Jets" genannt – durch das Leuchten, das sie in dem Sternenstaub im Weltall hervorrufen, kann man sie photographieren. Bei der Erde lassen sie den Nordpol und den Südpol entstehen – man kann sie mit dem Kompaß messen und man kann sie als Polarlicht am Himmel sehen.

Galaxien-Jets

Auch das rotierende Herzchakra sendet zwei solche Strahlen aus – hier natürlich aus Lebenskraft und nicht als Magnetfeld. Das rotierende Herzchakra liegt waagerecht im Körperinneren und die beiden Strahlen stehen senkrecht zu der Fläche des Herzchakras, sie stehen daher auch senkrecht im Körper.

Diese beiden Strahlen, die nach oben und nach unten von dem Herzchakra ausgehen, werden im Yoga „Sushumna" genannt.

Die im Westen üblichen Chakra-Darstellungen befinden sich senkrecht auf der Körpervorderseite. Genau genommen sind dies jedoch die Abbilder der Chakren im Körperinneren, die in Indien „Kshetrams" genannt werden. Sie befinden sich auf der Körpervorderseite und auf der Körperrückseite auf der Höhe des betreffenden Chakras.

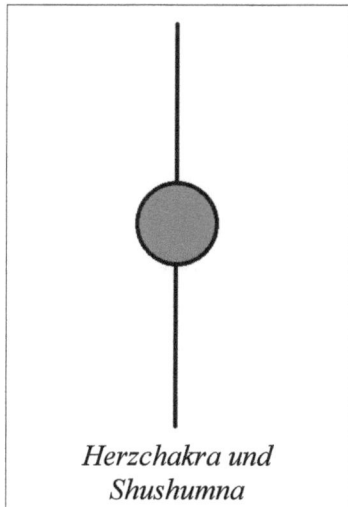

*Herzchakra und
Shushumna*

App 7:   Die Sushumna

Man kann diese beiden Strahlen indirekt durch die Herzchakra-Meditation anregen, aber man kann sie auch direkt imaginieren.

Der Yogi Naropa, der vor ca. 1000 Jahren gelebt hat und einer der „Väter" des tibetischen Buddhismus gewesen ist, hat die Imagination der Sushumna als wichtigste Vorübung für das Kundalini-Yoga empfohlen.

Die Imagination der Sushumna, also die Imagination eines senkrechten Licht-Stabes in der Mitte der Körpers, eignet sich auch sehr gut als „Erste Hilfe"-Maßnahme bei allen Arten von Verwirrung, Desorientierung, Verzweiflung und ähnlichen Auflösungs-Zuständen.

Versuch 3:   Naropas Übung

Man imaginiert einen Lichtstrahl im eigenen Körper, der von dem untersten Chakren (oder von den Füßen) bis zum obersten Chakra reicht. Diesen Lichtstrahl stellt man sich als Röhre vor.

Nun verengt man die innere Öffnung dieser Röhre, bis sie nur noch die Größe eines einzelnen Haares hat. Man verweilt eine zeitlang bei dieser Imagination. Anschließend weitet man diese Öffnung, bis die ganze Erde in ihr Platz hat. Man verweilt wieder eine zeitlang bei dieser Imagination. So wechselt man eine Weile zwischen diesen beiden Extremen hin und her, wodurch die Sushumna durchlässiger, elastischer und kräftiger wird.

Versuch 4:   Derwisch-Tanz

Man kann einmal versuchen, eine Pirouette zu drehen. Anschließen imaginiert man dann eine Weile die Sushumna und führt den Versuch noch einmal durch. Gibt es einen Unterschied?

Dieser senkrechte „Lebenskraft-Lichtstab" in der Körpermitte kann auch durch den Derwisch-Tanz gefördert werden.

Bei diesem Tanz der Sufis, also der islamischen Mystiker dreht man sich rechts herum, also im Uhrzeigersinn. Dabei blickt man in die Handfläche der rechten Hand, die man ca. einen halben Meter entfernt auf Augenhöhe vor sich hält. Den linken Arm streckt man locker in einem ca. 45°-Winkel nach links unten zur Seite mit der

Handfläche der linken Hand nach unten.

Solange man beim Drehen in die Innenfläche seiner rechten Hand blickt, kann man sich ruhig weiterdrehen, doch sobald man in seine Konzentration nachläßt und irgendwo in den Raum blickt, wird einem sofort schwindelig. Dieser Tanz zwingt einen geradezu dazu, auf sich selber konzentriert zu werden. Vor allem dann, wenn man sich recht schnell dreht, ist dieser Effekt sehr ausgeprägt.

Dieser Tanz fördert nicht nur die allgemeine Konzentrationsfähigkeit und das Ruhen in sich selber, sondern auch die Sushumna, da sie die Achse ist, um die man sich bei diesem Tanz dreht.

Wirkung: Selbstzentriertheit

Durch die Sushumna wird es leichter, um sich selber zu kreisen – sowohl in psychischer als auch in physischer Hinsicht.

4. Die untere Verbindung

Die Sushumna hat zwei Teile: Der eine Strahl ragt vom Herzchakra aus nach unten, der andere Strahl ragt vom Herzchakra aus nach oben.

Wie bei den beiden Jets einer Galaxie oder bei den beiden Magnetstrahlen eines Atoms, die nicht an der Außenkante der Galaxie oder des Atoms enden, enden auch die beiden Lebenskraft-Strahlen der Sushumna nicht an dem äußeren Rand des Lebenskraftkörpers des Menschen, sondern reichen über ihn hinaus.

Der untere Strahl beginnt im Herzchakra und verläuft dann durch das Sonnenge-flecht und das Hara und verläßt dann durch das Wurzelchakra den Lebenskraftkörper und ragt dann weiter nach unten. Dieser Strahl erreicht schließlich den glühenden Eisen/Nickel-Kern der Erde – genau genommen natürlich die Lebenskraft dieses glühenden Eisen/Nickel-Kerns. Dieser glühende Kern der Erde ist sozusagen das Herzchakra der Erde.

Der Strahl, der von dem eigenen Herzchakra aus nach unten hin verläuft, wird außerhalb des eigenen Lebenskraftkörpers zu einer Lebenskraft-Nabelschnur, die den eigenen Lebenskraftkörper mit der Lebenskraft der Erde verbindet. Diese Verbindung zur Erde ist in der Magie und in der Meditation ausgesprochen wichtig.

App 8:   Der Kontakt zur Erde

Die einfachste Methode, um den Kontakt zur Erde zu verbessern und um sich zu erden, ist der Aufenthalt in der Natur und das Barfußlaufen. Man kann sich auch einfach einmal auf eine Wiese, auf einen Sandstrand oder den Waldboden legen – möglichst ohne eine Decke dazwischen. Auch das Schwimmen in einem See oder im Meer kann sehr förderlich sein.

App 9:   Die Kundalini

Die vorige Methode ist sehr unspezifisch und allgemein – aber durchaus wirksam und zudem recht angenehm.

Man kann diese Verbindung zur Erde jedoch auch deutlich gezielter wecken und stärken. Das kann man wie folgt durchführen:

Man steht und stellt sich vor, daß ein Lebenskraft-Lichtstrahl von dem eigenen Herzchakra aus durch das Sonnengeflecht, das Hara und das Wurzelchakra nach unten zur Erdmitte hinunterstrahlt. Zunächst ist die Erde noch dunkel, dann wird es immer heißer und sie wird dunkelrot, dann rot, hellrot, orange, gelb und dann weiß. Schließlich erreicht der Strahl die Erdmitte.

Dort ruft man dann den Anteil der Lebenskraft der Erde, die zu einem kommen will. Dann bittet man sie, entlang des Lichtstrahles zu einem aufzusteigen.

Diese Lebenskraft hat manchmal einfach die Gestalt von Feuer, oft jedoch auch die Gestalt einer Schlange oder eines Drachen.

Wenn diese Lebenskraft das eigene Wurzelchakra erreicht und dann in den eigenen Lebenskraftkörper hineinfließt, wird sie zu der eigenen Kundalini, die man ja in der Regel auch als Feuer oder als Schlange oder Drache erlebt.

In manchen Kulturen wie z.B. bei den Ewe in Westafrika wird die Lebenskraft wegen diesem Erlebnis auch „Lebensfeuer" (Ewe: „Kalifi") genannt. Auch in den nordischen Ländern wie Skandinavien oder Sibirien findet sich diese Symbolik – dort ist das Feuer meistens sogar eine Gottheit.

Auch die Symbolik der Erdschlange ist schon sehr alt und findet sich bereits vor 12.000 Jahren in den jungsteinzeitlichen Tempeln und den steinernen Totempfählen von Göbekli Tepe. Damals sind die Schlangen noch die Ahnengeister, der Weg in das Jenseits unter der Erde sowie die magische Hilfe der Ahnen für ihre Nachkommen gewesen. Daher hat auch das Erdfeuer, also die Kundalini, die Gestalt einer Schlange erhalten.

In der jüdischen Kabbala findet sich die Kundalini als die „Schlange der Weisheit", die den Lebensbaum emporsteigt, in der Bibel als die Schlange an dem Baum der Erkenntnis, im alten Ägypten als die Uräus-Schlange an der Stirn des Pharaos, in Nevali Cori in Mesopotamien (um ca. 9.000 v.Chr.) als Schlange an dem Hinterkopf eines Mannes, auf dem germanischen Goldhorn von Gallehus als zusammengerollte Schlange unter dem Wurzelchakra eines Mannes, in Mittelamerika als die Schamanen-Schlange usw.

Manchmal nimmt das Erdfeuer, wenn man innerlich mit dem Lichtstrahl in die Erde reist, um die Erd-Lebenskraft heraufzurufen, auch eine konkrete Gestalt an. Das Erdfeuer sieht dann meistens wie eine riesige rote Amöbe oder wie riesiges rotes Blutkörperchen aus. Die Kraft die diese Gestalt ausstrahlt, ist wirklich heftig!

Man kann auch die Kundalini in sich selber wecken, indem man in das eigene Wurzelchakra atmet und dabei innerlich *„Feuer – Feuer"* spricht. Es gibt auch noch viele andere Methoden, die eigene Kundalini zu erwecken – bei Bedarf findet sich eine Übersicht dazu in meinem Buch „Kundalini für Anfänger".

Versuch 5: Stuhl-Experiment

Es gibt einen einfachen Versuch, der zeigt, daß die Kraft des Menschen deutlich gesteigert werden kann – und dazu auf eine Weise, die keinerlei Anstrengung erfordert. Für diesen Versuch benötigt man fünf Personen.

Einer setzt sich auf einen Stuhl, die anderen vier stehen um ihn herum. Die vier Personen halten ihre beiden Hände jeweils waagerecht mit den Handinnenflächen nach unten nebeneinander, ballen die Finger zu zwei Fäusten und strecken dann nur die beiden Zeigefinger nach vorne, die sich dabei auf der ganzen Länge berühren.

Dann stecken die vier stehenden Personen ihre Zeigefinger unter die beiden Achseln und unter die beiden Kniekehlen des Sitzenden und versuchen ihn hochzuheben – was mit sehr großer Wahrscheinlichkeit nicht gelingen wird.

Als nächstes legen die vier Stehenden ihre Hände übereinander auf den Kopf des Sitzenden und singen zusammen einen Ton – einfach ein „a" auf einer beliebigen Tonhöhe.

Nun wird das Heben des Sitzenden mithilfe der Zeigefinger wiederholt – was nun mühelos gelingt, da der Sitzende fast kein Gewicht mehr zu haben scheint.

Man kann dieses Phänomen am einfachsten mit Telekinese erklären – die vier „Heber" sind zwar anscheinend plötzlich stärker geworden, aber sie spüren keinen großen Druck auf ihre beiden Zeigefinger an den Achseln und den Kniekehlen des „Sitzenden" – das Hochheben ist ganz einfach. Offenbar wird durch die Konzentration auf das, was man will, die Lebenskraft in einer Weise aktiviert, die im normalen Alltag kaum genutzt wird.

Die Bedeutung des Singens des „a" besteht vermutlich lediglich darin, daß man etwas Besonderes tut, was dann anschließend die besondere Wirkung ermöglicht. Derartige Gesten u.ä. helfen dem eigenen Bewußtsein, Lebenskraft-Wirkungen zuzulassen, da es die Wirkung solcher Gesten – hier des Singens des „a" – nicht einschätzen kann.

Ob dieser Versuch direkt etwas mit der unteren Hälfte der Sushumna oder mit der Kundalini zu tun hat, ist nicht ganz klar, aber da die Kundalini u.a. auch die eigene Kraft vergrößert, sollte es doch zumindestens einen indirekten Zusammenhang geben.

Wirkung: Stärkung

Die Wirkung der Aktivierung bzw. Bewußtwerdung der eigenen Nabelschnur zur Erde ist die Stärkung der eigenen Lebenskraft, die sich sowohl psychisch als auch physisch zeigt. So friert man nicht mehr so leicht, braucht weniger Schlaf, wird aktiver, ist standfester usw. und die eigene Magie wird wirkungsvoller.

Dieser letzte Effekt wird in Indien „Siddhis" genannt, was wörtlich „Erfolg, Kunstwerk, Vollkommenheit" bedeutet und was man etwas freier mit „Magie, Wunder" übersetzen kann.

In Indien wird fast immer davor gewarnt, diesen magischen Fähigkeiten allzuviel Beachtung zu schenken. Das ist insofern berechtigt, als das es die eigenen Fähigkeiten beeinträchtigt, wenn man nicht mehr auf die Methoden achtet, die einen zu dem magischen Erfolg gebracht haben, sondern nur noch von den eigenen Fähigkeiten begeistert ist und die erfolgbringenden Methoden vernachlässigt. Das führt dann logischerweise dazu, daß die eigenen Möglichkeiten wieder geringer werden.

Zudem führt die Ausrichtung auf die eigene magische Macht unter Umständen dazu, daß man die eigene Mitte in dem eigenem Herzchakra aus den Augen verliert, womit dann die Grundlage der eigenen Erfolge eins Wanken gerät.

Es spricht folglich nichts dagegen, die eigenen Fähigkeiten auch zu nutzen – aber man sollte sich bewußt darüber bleiben, wie man sie erreicht hat, und darauf achten, daß man sie auch weiterhin besitzt.

5. Die obere Verbindung

Die Sushumna hat zwei Teile: Der eine Strahl ragt vom Herzchakra aus nach unten, der andere Strahl ragt vom Herzchakra aus nach oben.

Wie bei den beiden Jets einer Galaxie oder bei den beiden Magnetstrahlen eines Atoms, die nicht an der Außenkante der Galaxie oder des Atoms enden, enden auch die beiden Lebenskraft-Strahlen der Sushumna nicht an dem äußeren Rand des Lebenskraftkörpers des Menschen, sondern reichen über ihn hinaus.

Der obere Strahl beginnt im Herzchakra und verläuft dann durch das Halschakra und das Dritte Auge und verläßt dann durch das Scheitelchakra den Lebenskraftkörper und ragt dann weiter nach oben. Dieser Strahl erreicht schließlich die Sonne – genau genommen das „Herz der Sonne", in dem Wasserstoff zu Helium verschmolzen wird. Dieser glühende Kern der Sonne ist sozusagen das Herzchakra der Sonne.

Der Strahl, der von dem eigenen Herzchakra aus nach oben hin verläuft, wird außerhalb des eigenen Lebenskraftkörpers zu einer Lebenskraft-Nabelschnur, die den eigenen Lebenskraftkörper mit der Lebenskraft der Sonne verbindet. Diese Verbindung zur Sonne ist in der Magie und in der Meditation ausgesprochen wichtig.

Diese Verbindung „nach oben" zum Himmel oder zur Sonne bzw. die Lebenskraft, die „von oben" in den Meditierenden herabströmt, wird in Indien „Bindhu" genannt.

Dieser Vorgang findet sich in der Kabbala als der „Blitzstrahl der Schöpfung", der auch „Schwert der Schöpfung" genannt wird. Im Yoga wird er auch sehr oft in der Form des „Sonnengrußes" durchgeführt. In den indischen Upanishaden wird er „Melken der Himmelskuh genannt, im Wicca (Hexenkult) findet er sich als „Drawing down the Moon", im Christentum als der Heilige Geist in der Gestalt des Pfingst-Feuers usw.

Generell gehören auch alle Invokationen, also die Anrufungen von Gottheiten und die Identifizierung mit ihnen hierher.

App 10: Der Seelenvogel

Die Methode, die zu der „Verbindung nach oben", also zu dem oberen Strahl der Sushumna gehört, sieht wie folgt aus:

Man steht und stellt sich vor, daß ein Lebenskraft-Lichtstrahl von dem Herzchakra aus durch das Halschakra und das Dritte Auge nach oben geht und dann durch das Scheitelchakra den eigenen Lebenskraftkörper verläßt. Dieser Strahl steigt dann immer weiter nach oben bis zu Sonne – wobei er natürlich manchmal einen mehr oder

weniger großen Bogen machen muß, weil die Sonne nicht immer genau über einem
am Zenit des Himmels steht.

Dieser Strahl führt dann weiter durch die äußeren Schichten der Sonne bis zu dem
„Herz der Sonne", in dem die Kernfusion von Wasserstoff zu Helium stattfindet. Dort
ruft man wieder nach dem Teil der Lebenskraft, die zu einem herabfließen will. Dann
folgt man dieser Lebenskraft zurück in den eigenen Lebenskraftkörper.

Diese Lebenskraft hat meistens die Gestalt von Licht, aber manchmal aber auch
von Feuer wie z.B. der Heilige Geist an Pfingsten. Hin und wieder nimmt er auch die
Gestalt eines Vogels oder Engels oder eines „Lichtbringers" wie Luzifer an.

Diese Gestalt des Lichtbringers findet man in vielen Kulturen, in denen er auch als
Erster Mensch, Urmensch, Kulturbringer, Prophet und ähnliches mehr erscheinen
kann. Dieses Motiv ist weltweit verbreitet.

Die Sonnen-Lebenskraft kann auch – wie bereits gesagt – als Vogel, Engel, Vogel
mit Menschenkopf, Mensch mit Vogelkopf und Vogelfüßen, Mensch mit Federkleid,
Mensch mit Federkrone (Indianer) usw. erscheinen. Diese Symbolik stammt von dem
Erlebnis der Astralreise, bei der man mit seinem Bewußtsein und mit seiner Wahrnehmungsfähigkeit den eigenen physischen Körper verläßt und dann zunächst einmal
über ihm schwebt. Dieses u.a. bei einem Nahtod auftretende Erlebnis hat weltweit zu
dem Motiv des Seelenvogels geführt.

Da man bei der eben beschriebenen Methode zur Aktivierung der oberen Hälfte der
Sushumna nach oben reist, lag die Assoziation dieser „Himmelsreise" zu dem Flug
des „Seelenvogels" bei der Astralreise nahe.

Versuch 6: Drachenkralle

A stellt sich aufrecht hin und streckt seinen rechten Arm gerade vor sich aus – die
Handfläche nach oben. B streckt ihm den eigenen rechten Arm gerade entgegen – die
Handfläche nach unten.

B legt seine Hand auf die Hand von A und versucht, den Arm von A hinunter zu
drücken – vergeblich.

Dann hebt B seinen rechten Arm in die Höhe und streckt seinen gekrümmten
Zeigefinger nach oben aus und stellt sich vor, daß sein Zeigefinger eine Drachenklaue
ist. Dann drückt er mit seinem Zeigefinger A leicht auf die Stelle zwischen den
Augenbrauen („Drittes Auge").

Nun halten A und B ihre ausgestreckten Arme wie zuvor – und B drückt den Arm
von A mühelos nach unten.

Hier gibt es zwei Erklärungsmöglichkeiten:

- Das Erheben des Armes durch B und sein nach-oben-Zeigen mit seinem Zeigefinger ist eine Geste der Größe, die von dem Unterbewußtsein von A als Dominanz von B über A verstanden und akzeptiert wird.

- Der Druck auf das Dritte Auge von A wird von diesem als Unterwerfung von A unter B verstanden und akzeptiert – im Dritten Auge liegt der Wille, die Ausrichtung in der Welt, die eigenen Ziele. Möglicherweise stellt dieser leichte Druck auf das Dritte Auge vorübergehend den Willen von A ab, d.h. er gibt unbewußt seinen Widerstand gegen das Herabdrücken des Armes von A durch B auf.

Ob die Geste mit dem nach oben hin ausgestreckten Arm etwas mit der oberen Hälfte der Sushumna zu tun hat, ist zwar denkbar, aber unsicher. Möglicherweise ist hier nur die eindrückliche Geste wichtig.

Wirkung: Integration

Während das Rufen des Erdfeuers, d.h. der Kundalini, vor allem stärkt, bewirkt das Rufen des Himmelslichtes, d.h. des Seelenvogels, vor allem eine Integration und somit auch eine Heilung.

Die Lebenskraft-Nabelschnur zur Erde verbindet mit der weitgehend ungeformten Lebenskraft, während die Lebenskraft-Nabelschnur zur Sonne mit dem Bewußtsein verbindet, d.h. mit dem kollektiven Unterbewußtsein und mit Gott als der Einheit allen Bewußtseins. Die Aktivierung der unteren Hälfte der Sushumna weckt daher das Wurzelchakra, während die Aktivierung der oberen Hälfte der Sushumna das Scheitelchakra erweckt.

6. Die Sushumna

Die Sushumna hat in den Mythologien der meisten Völker eine oder mehrere Entsprechungen: den Weltenbaum, der Baum der Erkenntnis, das Kreuz auf Golgatha, die Himmelsleiter, den Weltenberg, die Pyramide, der Obelisk, die Weltensäule, die Himmelssäule, den Turm von Jericho, den Turm der germanischen Seherinnen, den Kirchturm, das Minarett, das Himmelsseil, das Rauch des rituellen Feuers, der Rauch des Opferfeuers, der Rauch des Weihrauchs, der in der Mitte der Welt stehende Urriese usw.

Die „Mittlere Säule" der Kabbala ist eine Variante der Weltensäule, der kabbalistische Lebensbaum ist eine Variante des Weltenbaumes, der vollkommene Mensch „Adam Kadmon" in der Kabbala ist eine Variante des Urriesen usw.

In manchen Mythologien und Symboliken führt die Sushumna nach oben und nach unten hin zu einem der Urwesen in der Mythologie – in den meisten Fällen zu einem Himmelsgott und zu einer Erdgöttin. Bei den Ägyptern und Sumerern und in noch einigen anderen frühen Kulturen sind dies die Himmelsgöttin und der Erdgott. In der Schwitzhütten-Zeremonie findet sich oben „Großvater Himmel" und unten „Großmutter Erde".

Die Sushumna ist in diesen Mythen die Verbindung der Menschen zu diesen beiden Wesen – sozusagen die Nabelschnur der Menschen zu diesen beiden Gottheiten. Die Sushumna ist das, was man „Religion" nennt – dieses Wort bedeutet „Rückverbindung" im Sinne von „Verbundenheit, Rückhalt, Zugehörigkeit, Geborgenheit".

Es gibt allerdings auch Mythen, in denen die Trennung von Himmel und Erde am Anfang der Zeit betont wird, doch sind dies Schöpfungsmythen, die die Symbolik der Sushumna verwendet haben. In Ägypten ist dies der Luftgott Shu, der seine Eltern, also die Himmelgöttin Nut und den Erdgott Geb, getrennt hat. In einigen afrikanischen Mythen erscheint die Sushumna als der Hirsestampfer einer alten Frau, die so oft mit ihrem Stampfer an den Bauch des Himmelsgottes gestoßen ist, daß sich dieser schließlich in die Höhe zurückgezogen hat, damit er nicht mehr von dem Hirsestampfer der alten Frau gestoßen werden kann.

Die Sushumna ist die Nabelschnur, durch die die Lebenskraft von der Erde und von der Sonne und ganz allgemein von den Göttern zu den Menschen fließt. Die Sushumna ist daher auch die „Straße des Gebets" und der „Kanal der Invokationen".

Man kann beobachten, daß für die Aktivierung der unteren Hälfte der Sushumna und der drei unteren Chakren im Gesang oft sehr tiefe Bässe verwendet werden und für die Aktivierung der oberen Hälfte der Sushumna und der drei oberen Chakren im Gesang oft sehr hohe Stimmen verwendet werden.

App 11:   Feuer und Licht

Die beiden Lichtstrahl-Imaginationen, die bereits beschrieben worden sind, lassen sich auch kombinieren.

Dafür imaginiert man den erst den Lebenskraft-Lichtstrahl nach unten in die Erdmitte, woraufhin von dort Lebenskraft in den eigenen Körper emporsteigt, und danach imaginiert man den Lebenskraft-Lichtstrahl, der zur Sonne emporsteigt, woraufhin von dort Lebenskraft in den eigenen Körper herunterströmt.

Diese Imagination kann man auf zwei Weisen durchführen: zum einen nur einmal und zum anderen mehrfach hintereinander – vorzugsweise auf eine rhythmische Weise, die mit dem Atem gekoppelt ist (z.B. Ausatmen – nach unten; Einatmen – wieder in den Körper; Ausatmen – nach oben; Einatmen – wieder in den Körper).

Die erste Variante kann man auch recht schnell durchführen – innerhalb von ein paar Atemzügen – und dadurch wieder die innere Stabilität zurückerlangen.

Es scheint sinnvoll zu sein, erst das Erdfeuer zu rufen und danach dann das Himmelslicht – zumindestens scheint das in den Traditionen, in denen beides gerufen wird, so üblich zu sein (das sind allerdings nicht viele). Auch im Yoga und im Buddhismus wird erst das Erd-Feuer (Kundalini) erweckt, das dann seinerseits das Himmels-Licht (Bindhu) herbeiruft.

Es scheint einen Automatismus, also einen Zusammenhang zu geben, der bewirkt, daß die aufsteigende Kundalini als Gegenbewegung das herabfließende Bindhu ruft. Das aufsteigende Feuer wird als Kraft erlebt, das herabfließende Licht hingegen integriert und harmonisiert die Psyche und den Lebenskraftkörper und ruft dadurch mehrere Formen der Freude hervor. Es entsteht jeweils eine neue Form der Freude, wenn durch das einströmende Licht ein weiteres Chakra mit dem Scheitelchakra, das das Tor für dieses Licht ist, in Einklang gebracht wird. Die Reihenfolge dieser Integration führt von oben nach unten: Scheitelchakra und Drittes Auge, Scheitelchakra und Halschakra, Scheitelchakra und Herzchakra, Scheitlchakra und Sonnengeflecht, Scheitelchakra und Hara und schließlich Scheitelchakra und Wurzekchakra.

Die beiden wichtigsten Methoden, um das Fließen der Lebenskraft in der Sushumna in Gang zu setzen, scheinen für die Kundalini eben die Erweckung der Kundalini zu sein und für das Bindhu die Stille-Meditation, auch wenn die Anrufung einer Gottheit eine ähnliche Wirkung haben kann wie die Stille-Meditation.

App 12:   Gespräch mit der Seele

Zu dieser Methode läßt sich nicht viel sagen: Man wendet sich nach innen zu der eigenen Seele im Herzchakra und stellt ihr eine Frage oder bittet sie um einen

Kommentar zu einem Thema. Die Stimmung dabei ist wie eine Mischung aus Meditation (Konzentration) und Traumreise (Wahrnehmung).

Mit etwas Übung kann dies zu einer sehr bereichernden Methode werden, durch die man viele Dinge erkennen kann, die einem sonst nicht so leicht zugänglich gewesen wären. Man bekommt jedoch oft Dinge zu hören, die einem vielleicht ein wenig peinlich sind, weil man erkennt, daß sie wahr sind, aber einem unangenehm sind.

Wie bei allen derartigen Methoden sollte man jedoch nicht einfach das tun, was man dabei hört, sondern das Gehörte erst einmal darauf prüfen, ob es sich um sichere Informationen handelt, ob sie überzeugend klingen, ob sie nützlich erscheinen und ob man den durch sie vorgeschlagenen Weg gehen will.

App 13: Die Übung der Mittleren Säule

Mit dieser Übung kann man die Sushumna in sich stärken. Sie geht wie folgt vor sich:

- Imagination einer weißen Kugel (Kether) ein stückweit über dem eigenen Scheitelchakra, d.h. über dem eigenen Kopf; dabei singt man den Gottesnamen „Eheieh".

- Imagination einer regenbogenfarbenen Kugel (Da'ath) um das eigene Scheitelchakra, d.h. um den oberen Teil des Kopfes; dabei singt man den Gottesnamen „YHVH Elohim".

- Imagination einer goldenen Kugel (Tiphareth) um das eigene Herzchakra, d.h. in der Mitte der eigenen Brust; dabei singt man den Gottesnamen „YHVH Eloah va-Da'ath".

- Imagination einer violette Kugel (Yesod) um das eigene Wurzelchakra, d.h. um den eigenen Genitalbereich; dabei singt man den Gottesnamen „Shaddai el-Chai".

- Imagination einer braunen Kugel (Malkuth) ein stückweit unter dem eigenen Wurzelchakra, d.h. unter den eigenen Füßen; dabei singt man den Gottesnamen „Adonai ha-Artez".

Vor und nach diesen Imaginationen kann man das Kabbalistische Kreuz durchführen, das auch am Anfang und am Ende des „Kleinen Pentagramm-Rituals" verwendet wird.

Versuch 7: Hepp-Versuch

Person A legt sich mit dem Bauch auf die Erde und legt ihre Arme neben ihren Körper oder neben ihren Kopf. Person B legt sich mit ihrem Bauch quer über die Waden von Person A. Beide Personen zusammen sehen nun ungefähr wie ein „T" aus.

Person A versucht nun, Person B mit ihren Beinen hochzuheben – was in aller Regel nicht gelingen wird. Dabei sollte Person A auf ihre Beinen achten und sich nicht durch eine verbissene Überanstrengung eine Muskelzerrung zuziehen.

Dann stellt sich Person A vor, daß von ihrem Kopf bis in ihre Füße ein weißer Lichtstrahl fließt, der sich in ihrem Gesäß in zwei Strahlen aufteilt. Dann stellt sich Person A vor, daß Person B nur ein kleines Kissen ist, das leicht wie ein Federwölkchen ist. Nun sagt Person A innerlich „Hepp!" und hebt dabei Person B mit ihren Waden hoch – und Person B wird aller Wahrscheinlichkeit nach mit einigem Schwung über den Rücken von Person A kullern …

Hier ist ganz deutlich A die aktive Person. Da sie ja nicht das reale Gewicht von B verringern kann, muß hier etwas anderes geschehen. Dafür gibt es auch hier zwei Deutungen:

- A vergrößert seine physische Kraft. Da würde sich die Frage stellen, wie er dazu in der Lage sein kann.

- A benutzt Telekinese, also die Lebenskraft, d.h. er weist durch die von ihm imaginierten Bilder sein Unterbewußtsein an, die Person B, die auf seinen Waden liegt, telekinetisch schwungvoll hochzuheben. Dies ist die wahrscheinlichere Deutung.

Es gibt einige Fälle mit vielen Augenzeugen, in denen ein Mensch einen Gegenstand hochgehoben hat, der so schwer ist, daß ihm dies normalerweise vollkommen unmöglich gewesen wäre. Ein solcher Fall ist z.B. die Mutter, die einen LKW anhebt, um ihr Kind, das halb unter eines der Räder des LKWs geraten ist, zu befreien.

Dieser „Hepp-Versuch" benutzt die Imagination der Sushumna (Lichtstrahl vom Kopf bis zu den Füßen), um die erstaunliche Kraft in den Beinen bzw. die Mühelosigkeit der Beinbewegung hervorzurufen.

Versuch 8: Balance

Dieser Versuch ist ganz schlicht: Man versucht auf einem Fuß zu stehen und schaut, wie gut das geht. Dann wiederholt man diesen Versuch, wobei man die Sushumna imaginiert.

Man kann diesen Versuch auch steigern, indem man sich nur auf den Ballen eines Fußes stellt, oder auf dem Fußballen eine Pirouette dreht.

Wirkung: Stabilisierung

Die Imagination der Sushumna hat mehrere Wirkungen:

- die Herstellung körperlicher Stabilität (Gleichgewicht),
- die stabilisierende Erste-Hilfe bei Verwirrung und Desorientierung sowie in anderen psychischen Krisen,
- die deutliche Vergrößerung der Körperkraft durch die Nutzung der Lebenskraft (Telekinese).

7. Das Fließen

In der Magie ist man gewohnt, sich mit seinem Willen gegen Widerstände durchzusetzen. Im Wicca (Hexenkult) und in der Mystik, dem Yoga, dem Sufismus u.ä. ist hingegen eher die Haltung des „Geschehen-lassens", des „Zulassens" und des „Empfangens" üblich.

Da das Herzchakra als Zentrum des Lebenskraftkörpers und die Sushumna natürliche Strukturen sowohl in der physischen Materie und Energie als auch in der Lebenskraft sind, existiert beides auch ohne die Imagination durch den Menschen. Daher kann man davon ausgehen, daß beides auch eine Eigendynamik hat, die ebenfalls ohne das Zutun des Menschen existiert.

Es sollte folglich ein müheloses und vertrauensvolles „Fließenlassen der Lebenskraft" möglich sein. Dieses Fließen der Lebenskraft kann man auf verschiedene Weisen erleben.

App 14:   sich der Natur öffnen

Im Grunde sind dies alles allgemein bekannte Methode, die allesamt eher unspektakulär aussehen, aber trotzdem eine große Wirkung haben können.

> - Man legt sich hin und entspannt sich. Dadurch verschiebt man schrittweise sein Bewußtsein von dem physischen Körper zu dem Lebenskraftkörper. Das funktioniert natürlich nur solange, wie man dabei nicht einschläft.
>
> Dabei treten nacheinander vier Phänomene auf: Entspannung, Schwere, Wärme und ein Vibrieren des Körpers mit ca. 6Hz. Diese vier Phänomene traten in dieser Reihenfolge auch bei dem Üben der Astralreise, beim Erwecken der Kundalini und in den Suggestionen bei der Hypnose auf (bei der Hypnose nur die ersten drei Phänomene). Diese Übereinstimmung liegt daran, daß bei allen diesen Methoden das Bewußtsein schrittweise vom physischen Körper zum Lebenskraftkörper hin verschoben wird.
>
> Bei dieser Methode kann es auch geschehen, daß einem verdrängte Schmerzen im Körper (Narben u.ä.) oder verdrängte Schmerzen in der Psyche (Traumata u.ä.) bewußt werden. Das ist zwar unangenehm, aber es ist auch eine Möglichkeit, diese verdrängten Schmerzen zu heilen.
>
> Solche Entspannungsübungen können eine sehr erfrischende und manchmal auch integrierende Wirkung haben – was vermuten läßt, daß dadurch auch die Lebenskraft im eigenen Körper wieder in eine freieres Fließen gelangt.

- Man kann sich draußen in der Natur auf die Erde legen. Die entspannende, beruhigende und kräftigende Wirkung ist kaum zu übersehen. Man kann davon ausgehen, daß man dabei auch Lebenskraft von der Erde aufnimmt.

- Man kann sich auch sonnen. Die Wirkung davon ist jedoch etwas anders als beim Legen auf die Erde – Das Sonnenlicht lädt den Körper stärker auf, entspannt oft schneller und macht manchmal müder. Die Wirkung ähnelt mehr dem Schlafen – sowohl das Licht von oben als auch der Schlaf dienen dem Integrieren von Erlebnissen.

Das kann man mit dem Stimmen eines Instruments vergleichen, auf dem man dann anschließend wieder klare Töne spielen kann.

- Am deutlichsten kann man dieses Fließen in Ritualen und im Kult spüren – z.B. in der Schwitzhütte, wenn Großvater Himmel und Großmutter Erde gerufen werden.

Dieses Fließenlassen der Lebenskraft hat zwei Aspekte: das Fließenlassen der Lebenskraft im eigenen Körper und das Fließenlassen der Lebenskraft von der Erde oder der Sonne in den eigenen Körper hinein.

Möglicherweise ist einiges an „Spielen" mit diesen Möglichkeiten notwendig, bis man zu dem Erlebnis der mühelos fließenden Lebenskraft kommt. Aber es lohnt sich!

Wirkung: Naturverbundenheit

Zu der Wirkung dieser Methoden läßt sich eigentlich nicht viel sagen. Sie verbinden mit Erde und Sonne und generell mit der Natur. Sie helfen, Anstrengungen loszulassen und schützen daher nebenbei auch gegen Burnout. Sie führen auch zu dem Erlebnis, daß man nicht alles selber machen muß, sondern daß man manche Dinge auch einfach nur zuzulassen braucht.

Das kann wiederum das Urvertrauen und das Erlebnis der Grundgeborgenheit in der Welt fördern.

Schließlich sind solche Erlebnisse auch sehr hilfreich, um nicht zu einer verbissenen und anstrengenden Form der Magie zu gelangen, sondern zu einer mühelosen Form der Magie zu finden.

8.   Die zwölf Blütenblätter

Die bisher beschriebene Struktur des Lebenskraftkörpers besteht aus dem kugelförmigen Zentrum, also dem Herzchakra, und den beiden mit der Rotationsachse identischen Magnetstrahlen („Jets"), die im Lebenskraftkörper als die Sushumna erscheinen.

Ein weiteres Element, das aus dem Yoga gut bekannt ist, sind die zwölf Blütenblätter des Herchakra-Lotus. Die Mitte der Lotusblüte entspricht offenbar der Lebenskraft-Kugel im Zentrum des Menschen, aber was sind diese zwölf Blütenblätter?

Die Zwölfzahl findet sich in den Naturwissenschaften z.B. in der zwölfgeteilten Struktur der Superstrings, die die Grundbausteine der heutigen physikalischen Superstring-Theorie sind. Man kann sich einen Superstring wie eine kreisförmig gespannte Saite vorstellen, auf der eine stehende Welle schwingt. Diese stehende Welle hat 12 Punkte, die 30° voneinander entfernt sind und die stillstehen – dazwischen schwingt die Saite von oben nach unten und wieder zurück. Von diesem Vergleich zu einer stehende Welle haben die Superstrings auch ihren Namen erhalten: Das englische Wort „string" bedeutet „Saite".

Die Entsprechung zu den Superstrings im Bereich der Lebenskraft ist offensichtlich der Tierkreis, der ebenfalls ein in 12 gleiche Abschnitte von 30° geteilter Kreis ist.

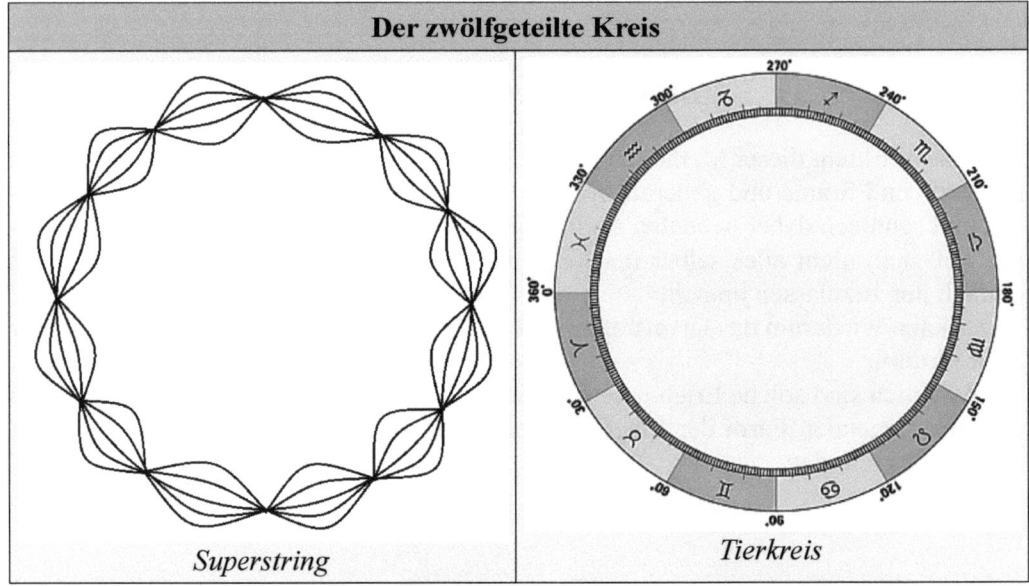

Der zwölfgeteilte Kreis

Superstring   *Tierkreis*

34

Die Ebene um das Zentrum ist offenbar sowohl in der Physik als auch in der Lebenskraft durch 12 gleichgroße Bereiche gegliedert. Sie entspricht den 12 Blütenblättern des Herzchakras.

Diese Ebene rings um das Zentrum steht in einem rechten Winkel zu der Rotationsachse des Zentralkörpers.

Um zu zeigen, daß die Bildung der Scheibe rings um die zentrale Kugel ein natürlicher Vorgang ist, der aus der Eigendynamik der Materie und der Energie (und auch der Lebenskraft) heraus entsteht, folgt hier eine kurze Beschreibung dieses Vorganges in der Physik, d.h. in der Astronomie, wo er sich am einfachsten erklären läßt:

> Wenn sich im Weltall eine Wolke aus Sternenstaub (Atome, Staub, kleine Gesteinsbrocken) befindet, wird sie durch die Gravitation zusammengezogen. Da sich in solch einer Sternenstaub-Wolke nicht die gesamte Substanz in gleicher Weise bewegt, rotiert die Wolke in einer ungeordneten Weise.
>
> Wenn sie sich zusammenzieht, wird diese Rotation schneller und einheitlicher – das ist derselbe Effekt, der auftritt, wenn ein Eiskunstläufer eine Pirouette macht und dabei die Arme an den Leib heranzieht und seine Drehung dadurch sehr viel schneller wird.
>
> Es gibt nun zwei Kräfte in dieser Sternenstaubwolke, die ihre Gestalt bestimmen: die Gravitation, die alles zur Mitte hin zusammenzieht, und die Rotation, die eine Fliehkraft enthält, die von der Mitte fort will.
>
> Ein großer Teil des Sternenstaubes fällt zur Mitte hin und bildet den Zentralkörper wie z.B eine Sonne.
>
> Der Teil des Sternenstaubes, der schnell genug rotiert, hält sich jedoch von der Mitte fern. Nach und nach wird die rotierende Sternenstaub-Wolke durch die Gravitation immer flacher bis sie schließlich zu einer Scheibe wird. Diese Scheibe liegt senkrecht zu der Rotationsachse – sie entspricht der Ebene, in der sich die meisten schnell rotierenden Teilchen befinden.
>
> In dieser Scheibe bilden sich dann weitere, kleinere Zentren, die bei einer Galaxie die Sterne sind und bei einem Sonnensystem die Planeten.
>
> Die Rotationsrichtung der Zentralkörpers und des Teils des Sternenstaubes, der sich rings um ihn her befindet, rotieren in derselben Richtung – daher steht die Rotationsachse des Zentralkörpers schließlich im rechten Winkel zu der Scheibe rings um diesen Zentralkörper.

die Entwicklung von Zentralkugel, Achse und Ebene			
1. Phase: Wolke aus Sternenstaub	*2. Phase:* Abflachung der Wolke	*3. Phase:* Bildung des Zentralkörpers	*4. Phase:* Planetensystem

hellgrau: Wolke aus Sternenstaub
dunkelgrau: verdichteter Sternenstaub, der zur Sonne und zu den Planeten wird
Rotation: in der waagerechten Ebene
schwarz: Rotationsachse der Sternenstaub-Wolke der Sonne und der Planetenbahnen
Gravitation: zieht alles zur Mitte
Fliehkraft: zieht (in dieser Graphik) alles nach links und rechts

Das Modell „großer Zentralkörper und kleine, ringsum in einer Ebene kreisende Körper" findet sich in der Natur an vielen Stellen:

     - als die aus Sternen bestehende Kugel-Mitte einer Galaxie und die ebenfalls aus Sternen bestehende Scheibe;
     - als Sonne und Planeten,
     - als Planet und Monde,
     - als Planet und Ring (Saturn),
     - als Atomkern und Elektronen,
     usw.

Diese im Weltall oft zu beobachtende Form „runde Scheibe plus Zentralkugel" hat zu der Vorstellung der typischen Gestalt der „fliegenden Untertasse" der „UFOs" geführt.

An den Stellen, wo die Magnetstrahlen aus dem Körper (Galaxie, Sonne, Planeten) heraustreten, erscheinen die Polarlichter. Bei einer Galaxie leuchten auch diese Strahlen selber.

Im Bereich der „Lebenskraft-Kunde", also in der Magie und in der Mythologie, findet sich die Zwölferteilung der Scheibe bzw. des Kreises rings um den Zentralkörper in verschiedenen Formen:

- als die Erde und der zwölfteilige Tierkreis rings um sie;
- als das Horoskop bei der Geburt eines Menschen oder Tieres bzw. bei der Gründung eines Unternehmens oder eines Staates, also generell bei der Eigenständigwerdung;
- als die zwölf Götter auf dem Olymp;
- als Odin und die zwölf Götter in Asgard;
- als Christus und die zwölf Apostel;
- als König Artus und die zwölf Ritter der Tafelrunde;
usw.

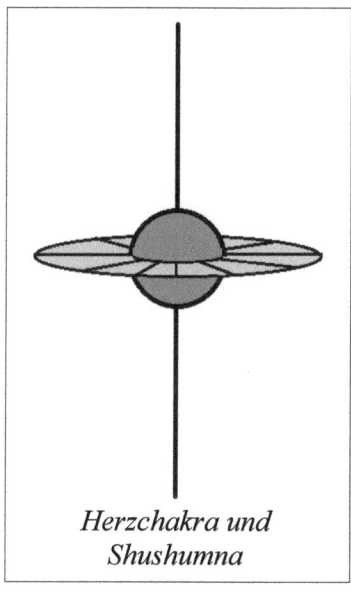

Herzchakra und Shushumna

Die organische Grundform des in diesem Buch beschriebenen Vielzweck-Zaubers ist jetzt schon etwas differenzierter geworden:

- das Herzchakra im Zentrum (Kugel);
- darum herum die Ebene der zwölf Blütenblätter des Herzchakras, die dem Tierkreis und dem Superstring entsprechen;
- die Rotationsachse, d.h. die Sushumna, die nach oben und unten senkrecht durch den Körper verläuft;
- das untere Ende der Sushumna, die den Menschen mit der aufsteigenden Lebenskraft der Erde verbindet, die im eigenen Körper dann als Kundalini erlebt wird; und
- das obere Ende der Sushumna, die den Menschen mit der niederströmenden Lebenskraft der Sonne verbindet, die dann als Bindhu erlebt wird.

App 15: Horoskop

Die Ergänzung in diesem Kapitel zu dem Vielzweck-Zauber ist naheliegend: das Berechnen und Deuten des eigenen Horoskops, durch das der eigene Lebensstil wesentlich klarer werden wird als er es zuvor gewesen ist.

Das Zentrum des Herzchakras, also die Kugel, ist die Seele – die Hülle des Herzchakras, also die zwölfgeteilte Kreisebene, ist das Gewand, das sich die Seele für

37

ihre derzeitige Inkarnation ausgewählt hat, um das zu erleben, was sie erleben will: das eigene Horoskop.

<u>**Wirkung: Selbstkenntnis**</u>

Während die Begegnung mit der eigenen Seele selber die grundlegende eigene Qualität erkennen läßt, ist das Verständnis des Horoskops wie das Verstehen der Tonart, in der man sein Lebenslied singen will. Das Horoskop ist wie ein Prisma, das das Licht, das von der Seele ausstrahlt, in viele verschiedene Facetten bricht und dadurch eine lebendige Vielfalt entstehen läßt.

Das Horoskop ist deutlich näher am Diesseits als die Seele selber, die die eigene Mitte und die eigene Quelle ist. Das Horoskop hilft, die Vielfalt des eigenen Charakters zu erkennen.

Man kann die Sushumna und den Tierkreis bildhaft als einen Steinkreis, in dessen Mitte der Weltenbaum steht, darstellen. Das Herzchakra bzw. die Seele wäre dann die Gottheit, die in dem Weltenbaum wohnt und aus ihm heraus durch das Prisma der zwölf stehenden Steine in dem Steinkreis in die Welt hinausleuchtet.

9. Die drei Hüllen des Zentrums

Unserer Sonne prägt – wie jeder andere Stern auch – in hohem Maße ihren gesamten Umraum. Dies geschieht zum einen durch ihre große Gravitation – schließlich enthält die Sonne 99,86% der gesamten Materie in unserem Sonnensystem – aber zum anderen auch durch das Licht und die Ionen (elektrisch geladene Atome), die sie abstrahlt.

Durch ihre Strahlung erschafft die Sonne rings um sich her drei deutlich unterscheidbare Zonen:

- Die innerste dieser drei Zonen ist der „Sonnenwind". Der Sonnenwind ist eine poetische Bezeichnung für die Ionen und das Licht, das die Sonne nach allen Seiten hin abstrahlt – das sind immerhin 1 Millionen t Materie pro Sekunde.

Der von dem Sonnenwind vollständig geprägte Bereich reicht 90 AE weit. Eine AE (astronomische Einheit) ist die Entfernung von der Sonne zur Erde. Der Bereich des Sonnenwindes ist also gut doppelt so weit von der Sonne entfernt wie der Pluto.

In diesem Bereich hat der Sonnenwind allen Sternenstaub wie ein Schneeschieber nach außen hin fortgeweht. Dieser Bereich ist also vollständig von der Sonne geprägt.

- Die mittlere diese drei Zonen wird „Stoßfront" genannt. Sie ist ca. 5 AE dick und liegt ungefähr hohlkugelförmig 90-95 AE von der Sonne entfernt. Sie also in etwa 5% so dick wie der Sonnenwind-Bereich. Die Masse der Stoßfront ist ungefähr so schwer wie Erde, aber sie ist natürlich keine feste Kugel, sondern sozusagen dichter Staub.

- Die äußere diese drei Zonen wird „Bugwelle" oder „Heliohülle" genannt. Sie reicht von 95-120 AE Entfernung von der Sonne, d.h. sie ist 25 AE dick.

Da sich die Stoßfront durch den Druck des Sonnenwindes immer weiter nach außen schiebt und die Sonne zudem durch das Weltall fliegt, ist die Stoßfront wie der Bug eines Schiffes, der durch den Sternenstaub im Weltall fährt – und dabei eine Bugwelle entstehen läßt. Diese Bugwelle sind Wellen, die sich von der Hohlkugel der Stoßfront aus nach allen Seiten hin ausdehnen.

Diese drei Zonen gibt es auch es auch in dem Lebenskraftkörper des Menschen. Die innere Zone ist der selbstbestimmte Bereich, der mittlere Bereich ist die Schutzhülle und der äußere Bereich ist der Wahrnehmungs- und Kontaktbereich.

Die Größenverhältnisse dieser drei Zonen zueinander sind ähnlich wie die Größenverhältnisse zwischen dem Sonnenwind, der Stoßfront und der Bugwelle: Die selbstbestimmte Zone reicht ungefähr einen Arm weit nach allen Richtungen über den Körper hinaus, die Schutzzone ist recht dünn und die Wahrnehmungs- und Kontaktzone ist wieder etwas größer. Diese äußere Zone kann recht verschieden groß sein – jenachdem, wie gut man seine eigene Wahrnehmung geübt bzw. seinen „Dominanzbereich" ausgedehnt hat.

Größenverhältnisse der drei Zonen zueinander			
	innere Zone (Sonnenwind)	*mittlere Zone (Stoßfront)*	*äußere Zone (Bugwelle)*
Sonnensystem	90 AE	5 AE	25 AE
Lebenskraftkörper	Arm	Handgelenk	Hand

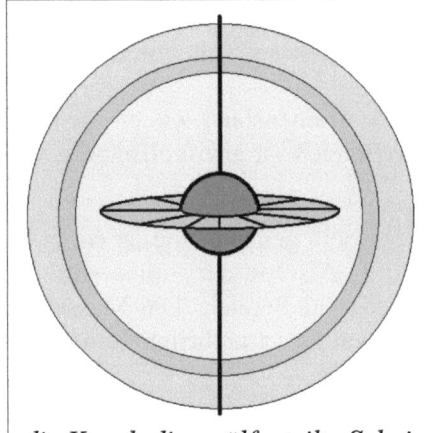

die Kugel, die zwölfgeteilte Scheibe, der Stab und die drei Hüllen

Diese drei Hüllen erweitern die „Urform der Selbstorganisation", die dem in diesem Buch beschriebenen Vielzweck-Zauber zugrunde liegt, noch einmal und lassen allmählich eine differenzierte Gestalt erkennen.

Die Kugel in der Mitte ist die Sonne bzw. das Herzchakra, das der Tempel der Seele ist.

Der senkrechte Stab in der Kugel ist die Rotationsachse sowie der Magnetstrahl der Sonne bzw. die Sushumna im Lebenskraftkörper.

Die zwölfgeteilte Scheibe rings um die Kugel ist die Ebene der Planeten rings um die Sonne (und der zwölfgeteilte Superstring) bzw. der Tierkreis und in ihm das Horoskop, das die Seele für ihre derzeitige Inkarnation ausgewählt hat.

Versuch 9: Aura-Wahrnehmung

Mithilfe eines einfachen Spiels kann man den Rand des eigenen Lebenskraftkörpers wahrnehmen.

A stellt sich in den Raum und schließt seine Augen. B geht mit langsamen Schritten auf A zu. Wenn A spürt, daß B in seinen Raum tritt, sagt er „Stop" o.ä.

Anschließend wiederholt man diesen Versuch noch dreimal, wobei A der Person B erst den Rücken, dann die rechte Seite und dann die linke Seite zuwendet.

Durch diesen Versuch kann man feststellen, wie klar A spüren, wenn seine Aura, also der Rand seines Lebenskraftkörper, berührt wird. Da die Aura knapp einen Armweit über den physischen Körper hinausreicht, gibt es drei relevante Entfernungen:

- zwei Armweit: Die Aura von A berührt die Aura von B. Dies ist der Abstand, auf den man Fremde heranläßt.

- ein Armweit: Die Aura von A berührt den Körper von B (und umgekehrt). Dies ist der Abstand, auf den man Freunde heranläßt.

- physische Berührung: Der Körper von A berührt den Körper von B. Dies ist der Abstand, den man in Beziehungen, in der Familie und bei engen Vertrauten als angenehm empfindet.

Man sollte diesen Versuch ruhig mehrmals nacheinander durchführen, da es sein kann, daß A erst einmal ein Gespür dafür bekommen muß, worauf er eigentlich achten soll.

Weiterhin sollte B bei den einzelnen Versuchen sowohl möglichst leise als auch verschieden schnell gehen, damit A nicht die Entfernung von ihm zu B anhand der Geh-Geräusche und der vergangen Zeit einschätzen kann.

Dieser Versuch überprüft vor allem die äußere Schicht des Lebenskraftkörpers, in dem sich die Lebenskraft-Wahrnehmung befindet. Da diese Schicht jedoch auch auf der Verteidigungsbereitschaft der mittleren Schicht und der Kraft der eigenen Ausstrahlung (innere Schicht) beruht, sagt dieser Versuch recht viel über Person A aus.

App 16: Aura-Stärkung

Nun wird natürlich auch eine Methode gebraucht, wie Person A gegebenenfalls seine Aura stärken kann.

Dafür steht A zunächst einmal an derselben Stelle wie bei dem vorigen Versuch, aber er hat nun seine Augen offen. B geht wieder auf ihn zu und A sagt, wenn B in seinen Raum kommt: „Stopp!" Wenn B das „Stopp!" überzeugend findet, bleibt er stehen …

Falls A nicht in der Lage ist, B mit seinem „Stopp!" aufzuhalten, kann B nacheinander verschiedene Dinge ausprobieren, um seinem „Stopp!" den nötigen Nachdruck zu verleihen:

- in das eigene Herzchakra atmen,

- die Sushumna in sich imaginieren,
- einen Baum hinter sich imaginieren,
- einen Felsen hinter sich imaginieren,
- zwei (in der Regel gleiche) Tiere neben sich imaginieren,
- die eigene Seele in sich selber imaginieren,
- einen Engel, eine Gottheit o.ä. hinter sich oder um sich herum imaginieren.

Wie bei allen derartigen Versuchen sollte man dabei spielerisch vorgehen und auch die Dinge ausprobieren, die einem spontan in den Sinn kommen.

App 17:   Fußgängerzone

Für Menschen, die mit einer stabilen Schutzzone rings um sich her Schwierigkeiten haben, gibt es einen einfachen Versuch:

- Man geht durch die Fußgängerzone und beobachtet, wie man den anderen Menschen ausweicht.

- Dann geht man noch einmal durch die Fußgängerzone und weicht niemandem aus, sondern geht einfach geradeaus weiter. Dabei beobachtet man, wie die anderen reagieren. Verhalten sie sich so, wie man das erwartet hat?

- Schließlich stellt man sich die eigene Aura als stachelig, als Ritterrüstung oder als Burgmauer vor oder läßt imaginativ die beiden Tiere neben sich laufen. Auch hier beobachtet man, wie sich die anderen nun verhalten. Was ist der Unterschied?

Durch diesen Versuch lernt man neue Möglichkeiten kennen und man wird möglicherweise aufgrund der eigenen Erlebnisse sein eigenes Weltbild ein wenig ändern müssen.

App 18:   Schutzkreis

Jeder Zauberlehrling lernt als erstes – wenn er systematisch vorgeht oder gut angeleitet wird – einen wirkungsvollen Schutzkreis mit Gesten und Worten zu ziehen und ihn zu imaginieren. Schließlich ist das Gedicht „Der Zauberlehrling" von Goethe allgemein bekannt …
Die „klassische Form" eines solchen Schutzkreises ist das „Kleines Pentagramm-

Ritual". Es lohnt sich, es so zu üben, daß man es jederzeit ohne Mühe rein imaginativ in einer Kurzform durchführen kann, um sich zu schützen.

Dieses Ritual stärkt offensichtlich die mittlere der drei Schichten der Aura: die Schutzschicht, die der Stoßfront im Umraum der Sonne entspricht.

App 19:   Gesang und Tanz

Nachdem nun ein Versuch zur Wahrnehmung (äußerste Aura-Schicht) und eine Übung zur Stärkung des Schutzes (mittlere Aura-Schicht) beschrieben worden sind, fehlt nun noch eine Übung zur Stärkung des Selbstausdrucks.

Dabei muß man selber kreativ werden, da diese Übung davon abhängt, was man gut kann und vor allem davon, was man zu tun fürchtet.

Möglicherweise ist lautes Singen eine große Herausforderung, möglicherweise auch das Tanzen in einer Disco, vielleicht ist es das Halten einer öffentlichen Rede, möglicherweise auch das Aussprechen von Gefühlen, evtl. auch das Eröffnen eines youtube-Accounts – hier gibt es viele Möglichkeiten.

Wenn man nun ändern will, daß man sich nicht selber ausdrückt (innere Schicht), sich nicht schützen und durchsetzen kann (mittlere Schicht) oder kaum etwas wahrnehmen kann (äußere Schicht), dann sollte man in kleinen Schritten vorgehen und sich nicht gleich zuviel zuzumuten, damit man auch tatsächlich Fortschritte machen kann.

Wirkung: Eigenständigkeit

Die Übung der Wahrnehmungsfähigkeit, der Abgrenzung gegen andere und des Selbstausdrucks fördern insgesamt das eigene Strahlen.

Wenn diese drei Fähigkeiten gut entwickelt sind, kann das Licht der Seele in der ganzen Vielfalt, die durch das Prisma des eigenen Horoskops entsteht, durch die Psyche hindurch, d.h. durch die drei Schichten der Aura, nach außen hin strahlen. Dann gelangt das Licht der Seele unverzerrt in jede eigene Haltung und Handlung – dann beginnt das eigene Leben selbstbestimmt zu sein.

10. Die sieben Hauptchakren

Das Herzchakra ist das Zentrum des Chakrensystems, das aus den sieben Hauptchakren und vielen weiteren, systematisch angeordneten Nebenchakren besteht. Für das Verständnis des Vielzweck-Zaubers sind jedoch nur die sieben Hauptchakren von Bedeutung.

(Bei Bedarf kann man die Details in meinem Buch „Das Chakrensystem und die Nebenchakren" nachlesen.)

Das Herzchakra enthält die Seele und somit die Identität eines Menschen. Diese Identität entfaltet sich in drei Stufen, die den drei Zonen des Lebenskraftkörpers entsprechen:

> - Im Zentrum ist das Herzchakra. Es ist die Identität. Es entspricht der Sonne – man man kann es daher auch „Sonnenchakra" nennen.

> - Das innere Chakrenpaar besteht aus dem Sonnengeflecht und dem Halschakra. Diese beiden Chakren enthalten die Gefühle und streben nach dem ungehinderten Selbstausdruck der Seele. Im Sonnensystem entsprechen sie dem Bereich des Sonnenwindes.

> - Das mittlere Chakrenpaar besteht aus dem Hara und dem Dritten Auge. Diese beiden Chakren enthalten die Gedanken, die klaren Formen und die Orientierung. Im Sonnensystem entsprechen sie der Stoßfront.

> - Das äußere Chakrenpaar besteht aus dem Wurzelchakra und dem Scheitelchakra. Diese beiden Chakren enthalten die Wahrnehmungen und die Kontakte. Im Sonnensystem entsprechen sie der Bugwelle.

Jede dieser drei Qualitäten kommt zweimal vor – einmal oben an der Sushumna und einmal unten an der Sushumna. Das ergibt die sechs äußeren Chakren.

Entsprechend dem Charakter der unteren Hälfte der Sushumna, die den Menschen mit der Erde verbindet, beziehen sich die drei unteren Chakren auf den Körper, auf die Kraft und auf das Innen.

Entsprechend dem Charakter der oberen Hälfte der Sushumna, die den Menschen mit der Sonne verbindet, beziehen sich die drei oberen Chakren auf die Gemeinschaft, auf die Integration und auf das Außen.

Als Übersicht sieht das wie folgt aus:

Die Symmetrie der sieben Hauptchakren I			
Name	*Ausrichtung*	*Qualität*	*Symmetrie*
Scheitelchakra		geistiger Kontakt	
Drittes Auge	außen	äußere Orientierung	
Halschakra		sozialer Selbstausdruck	
Herzchakra	Mitte	Identität	
Sonnengeflecht		körperlicher Selbstausdruck	
Hara	innen	innerer Halt	
Wurzelchakra		körperlicher Kontakt	

Die sechs äußeren Chakren entsprechen den drei Schichten des Lebenskraftkörpers rings um das Herzchakra. Das kann man auch sehr gut graphisch darstellen:

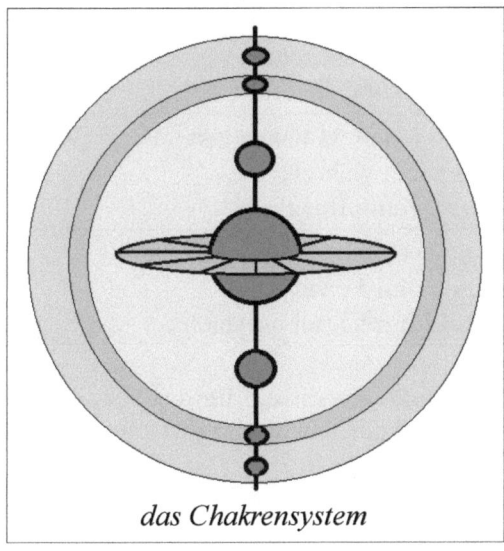

das Chakrensystem

In der Mitte ist das Herzchakra;

darunter im Bereich des Sonnenwindes (hellgrau) das Sonnengeflecht und darüber in demselben Bereich das Halschakra;

darunter im Bereich der Stoßfront (dunkelgrau) das Hara und darüber in demselben Bereich das Dritte Auge;

darunter im Bereich der Bugwelle (mittelgrau) das Wurzelchakra und darüber in demselben Bereich das Scheitelchakra.

Alle sieben Hauptchakren werden durch die Sushumna miteinander verbunden.

Auch die Chakren sind durch das Horoskop geprägt, das die innerste Hülle um das Herzchakra herum ist.

Diese sieben Chakren sind die Organe des Lebenskraftkörpers. Sie haben viele Funktionen. Die wichtigsten von ihnen sind:

Die Funktionen der sieben Hauptchakren		
Name	*Hauptqualität*	*weitere Qualitäten*
Scheitelchakra	geistiger Kontakt	Verbindung zur Sonne, Tor zum Sonnenlicht; Heilung, Integration, Invokationen
Drittes Auge	äußere Orientierung	den Überblick erlangen, die anderen sehen; Telepathie, Hypnose
Halschakra	sozialer Selbstausdruck	sich zeigen können, sich in Gemeinschaften durchsetzen können; Raum einnehmen
Herzchakra	Identität	Tempel der Seele, Selbstgewißheit; mir der eigenen Seele sprechen
Sonnengeflecht	körperlicher Selbstausdruck	den eigenen Weg gehen, Mut, sich selber treu zu sein; Lebenskraft-Lenkung,
Hara	innerer Halt	den eigenen Standpunkt behaupten, das Gleichgewicht wahren; Telekinese (?), Kampfmagie
Wurzelchakra	körperlicher Kontakt	Verbindung zur Erde, Tor zum Kundalini-Feuer; Stärkung, mit Lebenskraft aufladen

Es gibt bei den Chakren noch eine weitere Qualität, die sowohl für das Verständnis der Chakren als auch für ihre Verwendung in der Magie sehr wichtig ist: die Formen des Bewußtseins, die mit ihnen verbunden sind.

Einige dieser Bewußtseinsformen werden schon bei einer oberflächlichen Betrachtung der Funktionen der Chakren deutlich. Am einfachsten ist die Form des Bewußtseins in den beiden äußeren Chakren erkennbar:

- Da das Wurzelchakra und das Scheitelchakra beides Kontakt- und Wahrnehmungs-Chakren sind, sollten sie im Hier und Jetzt ruhen und idealerweise ganz auf die augenblickliche Wahrnehmung hin ausgerichtet sein. Dieser Einsgerichtetheit entspricht der Bewußtseinszustand der Ekstase.

Das Zentrum des Chakrensystems, also das Herzchakra, enthält die Identität, die zunächst einmal wie der Same einer Eichel noch keine konkrete Gestalt als Eiche angenommen hat.

- Das Herzchakra ist das noch nicht konkretisierte und verwirklichte Potential. Es befindet sich noch in Ruhe und sollte daher dem Tiefschlaf-Bewußtsein entsprechen, das das Fundament der anderen Bewußtseinsformen ist.

Das Sonnengeflecht und das Halschakra sind für den hemmungslosen Selbstausdruck zuständig – sie sind daher die beiden Gefühlschakren.

- Das Merkmal der Hemmungslosigkeit ist gut von Träumen, Tagträumen, Traumreisen und somit generell von dem Unterbewußtsein bekannt. Die Form des Bewußtseins, die dem Sonnengeflecht und dem Halschakra entsprechen, ist somit das Unterbewußtsein.

Es bleiben von den Chakren somit noch das Hara und das Dritte Auge übrig und von den Bewußtseinszuständen das Wachbewußtsein.

- Das Hara und das Dritte Auge entsprechen dem Wachbewußtsein, was sich u.a. daran zeigt, daß diese beiden Chakren mit dem Denken und mit dem Regeln des Alltags zusammenhängen.

Die Folge der Bewußtseinszustände vom Herzchakra nach außen hin zeigt eine sich schrittweise steigernde Wachheit: Tiefschlaf – Traum – Wachen – Ekstase. Diese schlüssige Reihenfolge zeigt, daß die Zuordnung der Bewußtseinsformen zu den Chakren richtig sein wird.

Auch die Anzahl der Inhalte des Bewußtseins zeigt eine solche schlüssige Folge – sie nimmt schrittweise von innen nach außen hin ab: Potential (Tiefschlaf) – alle Informationen (Unterbewußtsein) – die im Augenblick benötigten Informationen (Wachbewußtsein) – ein einziger Bewußtseinsinhalt (Ekstase).

Schließlich entsprechen die Bewußtseinszustände auch noch den Zonen des Lebenskraftkörpers: Herzchakra (Tiefschlaf) – Selbstausdruck (Unterbewußtsein) – Abgrenzung (Wachbewußtsein) – Kontakt (Ekstase).

Diese Symmetrie läßt sich vermutlich mithilfe einer Tabelle am einfachsten erfassen:

Die Symmetrie der sieben Hauptchakren II				
Name	*Bewußtsein*	*Inhalte*	*Zone*	*Symmetrie*
Scheitelchakra	Ekstase	einer	außen (Kontakt)	
Drittes Auge	Traum	die wichtigen	Mitte (Abgrenzung)	
Halschakra	Wachen	alle	innen (Selbstausdruck)	
Herzchakra	Tiefschlaf	Fundament	Zentrum (Identität)	
Sonnengeflecht	Wachen	alle	innen (Selbstausdruck)	
Hara	Traum	alle wichtigen	Mitte (Abgrenzung)	
Wurzelchakra	Ekstase	einer	außen (Kontakt)	

App 20:   Magie-Formen

Eine naheliegende Anwendung des Zusammenhangs zwischen den Chakren und den Formen des Bewußtseins ist es, vor dem Durchführen einer magischen Aktion eine Weile in das Chakra zu atmen (mit oder ohne Mantra), das man bei der betreffenden Form der Magie braucht.

- Bei einer Variante der Selbsterkenntnis-Magie wäre das wichtigste Chakra das Herzchakra.

- Wenn bei der Magie eine Ekstase benötigt wird, ist entweder das Wurzelchakra (Sexualmagie) oder das Scheitelchakra (Gedankenstille) wichtig.

- Bei allen Formen der Magie, bei denen etwas erschaffen werden soll, sind die Gefühle und Imaginationen am wichtigsten, d.h. es werden das Sonnengeflecht und das Halschakra gebraucht. Die „emotional aufgeladenen Imaginationen", die in der Magie so wichtig sind, befinden sich allesamt im Bereich des Unterbewußtseins.

- Alle Formen der Magie oder der Meditation, in denen etwas klar geordnet werden muß wie z.B. bei Mandala-Ritualen, erfordern die Mithilfe von Hara und Drittem Auge.

App 21:   Chakra-Mantren

Die sechs äußeren Chakren können genauso wie das Herzchakra im Zentrum des Chakrensystems durch Atemlenkung, Mantren und Imagination aktiviert werden. Die Aktivierungen der sechs äußeren Chakren kann wie im Folgenden dargestellt durchgeführt werden – wobei dies natürlich nur eine ganz allgemeine Anleitung und kein detaillierter persönlicher Rat ist.

Das Grundprinzip ist dabei, daß man beim Einatmen Lebenskraft einatmet und ins Herzchakra lenkt und dabei innerlich das Wort „Seele" oder den Namen der Seele spricht, und dann beim Ausatmen die Lebenskraft weiter in das betreffende Chakra lenkt, sie dort aufleuchten läßt und dabei innerlich ein Wort spricht, das die Qualität dieses Chakras bzw. die dort angestrebte Qualität ausdrückt.

Die Mantren für die sieben Hauptchakren können wie folgt aussehen – wobei hier jeweils drei Vorschläge angegeben sind:

- Scheitelchakra: „Seele - Schutzgottheit"
                      „Seele - Licht"
                      „Seele - Gott"

- Drittes Auge: „Seele - Orientierung"
                      „Seele - Weitsicht"
                      „Seele - Horus"

- Halschakra: „Seele - Aufrichtigkeit"
                      „Seele - Offenheit"
                      „Seele - Re"

- Herzchakra::   „Seele - Liebe"
                      „Seele - Leben"
                      „Seele - Osiris"

- Sonnengeflecht: „Seele - Stärke"
                      „Seele - Strahlen"
                      „Seele - Sachmet"

- Hara: „Seele - Schutz"
                      „Seele - Tanz"
                      „Seele - Shiva"

- Wurzelchakra: „Seele - Lebendigkeit"
                      „Seele - Feuer"
                      „Seele - Kundalini"

Diese Mantren sollten bei Bedarf entsprechend dem eigenen Verständnis und Erleben der Chakren sowie den eigenen momentanen Absichten gemäß abgewandelt werden.

Wenn man direkt in das betreffende Chakra atmen will, empfiehlt es sich, statt „Seele" den Namen des Chakras oder den Namen einer diesem Chakra entsprechenden Gottheit zu benutzen.

App 22:   Die Planeten-Hexagramme

Die sieben klassischen Planeten entsprechen recht gut der Folge der sieben Hauptchakren, weshalb man sie ihnen gleichsetzen kann und die Planeten-Hexagramme auch im Zusammenhang mit den Chakren verwenden kann.

Da die Planeten auch den Sephiroth des kabbalistischen Weltenbaumes entsprechen, kann man auch die Sephiroth den Chakren gleichsetzen. Das hat natürlich nur dann einen Nutzen, wenn einem der kabbalistische Lebensbaum einigermaßen geläufig ist.

Diese Zuordnung sieht wie folgt aus:

Chakren, Planeten und Sephiroth		
Chakren	**Planeten**	**Sephiroth**
kollektives Unterbewußtsein	Pluto	Kether
	Neptun	Chokmah
	Uranus	Binah
Scheitelchakra	Saturn	Da'ath
Drittes Auge	Jupiter	Chesed
Halschakra	Mars	Geburah
Herzchakra	Sonne	Tiphareth
Sonnengeflecht	Venus	Netzach
Hara	Merkur	Hod
Wurzelchakra	Mond	Yesod
Körper	Erde	Malkuth

50

Die Entsprechungen zwischen den Chakren und den Planeten sehen kurz gefaßt wie folgt aus:

- Das Wurzelchakra und der Mond beziehen sich beide auf den Fluß der Lebenskraft und auf den körperlichen Kontakt.

- Das Hara und der Merkur streben beide nach klaren Formen und nach einem eigenen Standpunkt.

- Das Sonnengeflecht und die Venus sind beide emotional und bewerten alles und streben daher bestimmte Qualitäten an.

- Das Herzchakra und die Sonne stellen beide die Mitte dar und helfen daher, sich zu zentrieren und zu entscheiden.

- Das Halschakra und der Mars zeigen sich beide hemmungslos und wollen eine bestimmte Position in der Gemeinschaft einnehmen.

- Das Dritte Auge und der Jupiter haben beide Ideale, streben nach Orientierung und schaffen langfristige Pläne.

- Das Scheitelchakra und der Saturn schauen beide auf das Ganze und streben danach, Teil des Ganzen zu werden.

Die Planeten-Hexagramme dienen in der Magie dazu, die Qualitäten der sieben Planeten herbei zu rufen. Aufgrund der Übereinstimmung der Qualitäten der Chakren mit den Qualitäten der Planeten kann man diese Hexagramme daher auch zum Aktivieren bzw. zum Aufladen der Chakren mit Lebenskraft verwenden.

Dazu wird das Hexagramm des zu dem ausgewählten Chakra gehörenden Planeten entweder vor dem Chakra selber oder rings um einen selber in den vier Himmelrichtungen, oben, unten und in der Mitte gezogen. Dabei wird dann jedesmal der Gottesname des betreffenden Planeten gesungen.

Diese Hexagramme werden wie in der Übersicht unten angegeben gezogen. Da diese Hexagramme aus zwei Dreiecken und aus dem jeweiligen Planetenzeichen bestehen, gibt es jeweils drei Worte, die bei dem Ziehen des Hexagramms mit der Hand in der Luft gesungen werden.

Die anrufenden Planeten-Hexagramme werden im Uhrzeigersinn gezogen. Sie beginnen dort, wo sich der Planet befindet, wenn man das Hexagramm auf die Lebensbaum-Graphik legt. Das Ziehen des zweiten Dreiecks beginnt dann gegenüber dem Anfangspunkt des ersten Dreiecks des Hexagramms. Das Hexagramm der Sonne kann man an jeder beliebigen Stelle zu ziehen beginnen.

Die Planeten-Hexagramme werden wie folgt durchgeführt:

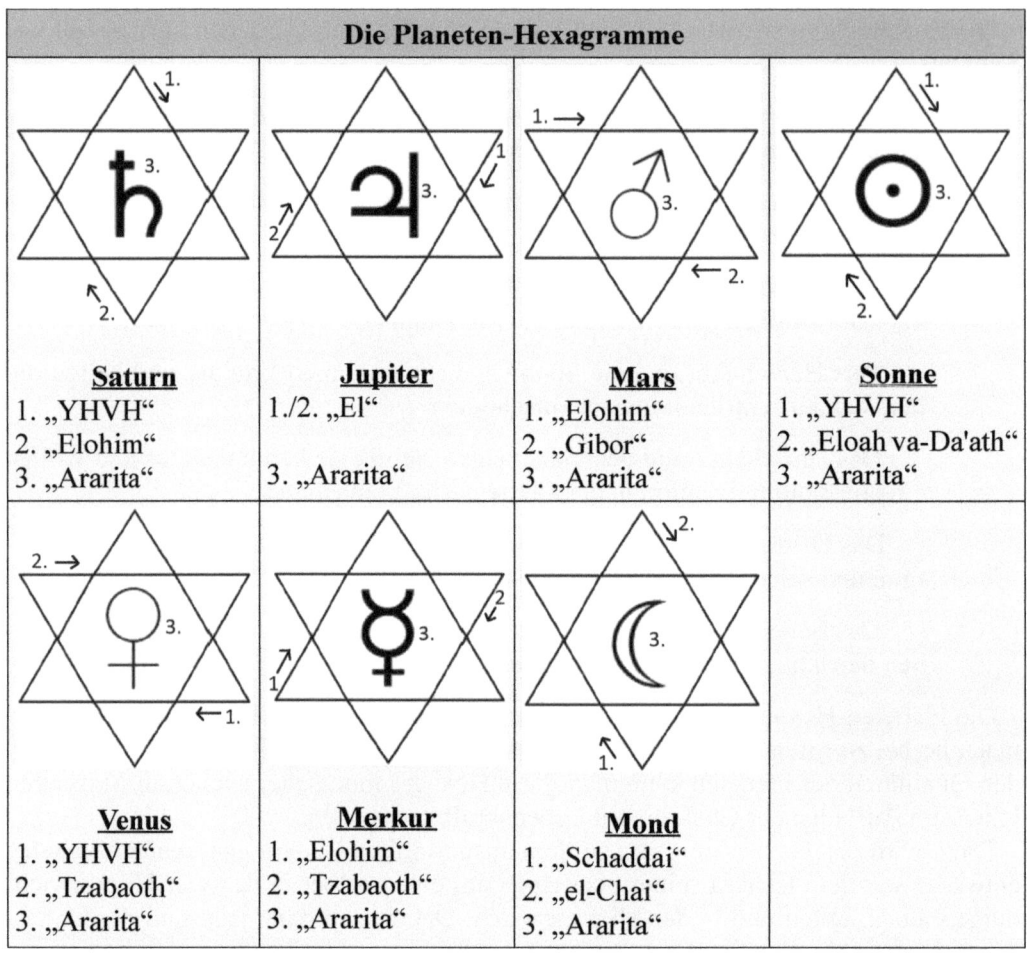

Die Planeten-Hexagramme

Saturn	Jupiter	Mars	Sonne
1. „YHVH"	1./2. „El"	1. „Elohim"	1. „YHVH"
2. „Elohim"		2. „Gibor"	2. „Eloah va-Da'ath"
3. „Ararita"	3. „Ararita"	3. „Ararita"	3. „Ararita"

Venus	Merkur	Mond	
1. „YHVH"	1. „Elohim"	1. „Schaddai"	
2. „Tzabaoth"	2. „Tzabaoth"	2. „el-Chai"	
3. „Ararita"	3. „Ararita"	3. „Ararita"	

Es ist generell hilfreich, verschiedene System miteinander zu verbinden, wenn sie dieselbe innere Struktur haben – das Prinzip „Reim Dich oder ich freß Dich!" ist in der Magie allerdings genausowenig sinnvoll wie in der Lyrik. Wenn die Strukturen – wie zwischen den Chakren, den Planeten und den Sephiroth – übereinstimmen, wird der betrachtete Bereich zum einen einfacher und zum anderen organischer und konzentrierter.

Zudem ergeben sich daraus manchmal interessante Möglichkeiten wie hier die Verwendung der Planeten-Hexagramme zum Aktivieren der Chakren. Allerdings sollte man jetzt nicht denken, daß das einmalige Ziehen des Merkur-Hexagramms vor dem eigenen Hara für alle Zeiten die Probleme mit dem Verteidigen des eigenen Standpunktes auflösen wird. Aber nützlich ist es trotzdem …

Wirkung: Chakren-Aktivierung

Die Chakren bieten die Möglichkeit, die eigene Psyche und die eigene Lebenskraft auf eine systematische Weise zu betrachten und zu ordnen, was neue Heilungsmöglichkeiten eröffnet, die in den nächsten Kapiteln noch genauer betrachtet werden.

Das Einbeziehen der Chakren in die Magie läßt in vielen Fällen auch die Magie effektiver werden. Auch dazu folgen noch detaillierte Betrachtungen in den nächsten Kapiteln.

11. Die drei Chakra-Paare

Die sechs äußeren Chakren gehören paarweise zu den drei Zonen rings um das Herzchakra. Das bedeutet, daß die jeweils zwei Chakren in einem Bereich zusammenarbeiten.

Diese Kooperation läßt sich einfach beschreiben:

- Im Sonnengeflecht sind die Gefühle, die die Bewegungen des eigenen Körpers lenken – im Halschakra sind die Gefühle, die man anderen zeigt.

- Im Hara sind die Strukturen, die den inneren Halt geben – im Dritten Auge ist die Orientierung in der Umwelt.

- Im Scheitelchakra ist der geistige Kontakt zu anderen Menschen – im Wurzelchakra ist der körperliche Kontakt zu anderen Menschen.

Es ist leicht zu sehen, daß die beiden Chakren in einem Chakrenpaar zusammenarbeiten sollten, da es sonst Probleme geben könnte:

- Es ist nötig, Gefühle sowohl zu Handlungen werden zu lassen (Sonnengeflecht) als sie auch anderen zu zeigen (Halschakra).

- Es ist nötig, Strukturen sowohl auf einem guten inneren Halt (Hara) als auch auf einer guten Orientierung (Drittes Auge) aufzubauen.

- Es ist nötig, sowohl geistige Kontakte (Scheitelchakra) als auch körperliche Kontakte (Wurzelchakra) zu haben.

Wenn es keine Kooperation in einem Chakrapaar mehr gibt, ist auch die Lebenskraft in ihnen nicht mehr gleich verteilt. Das wird meistens durch ein Trauma in einem der Chakren oder zumindestens durch eine Blockade verursacht – dieses Chakra hat dann einen Mangel an Lebenskraft und ist weitgehend inaktiv. Das Gegenpol-Chakra muß dann die Aufgaben beider Chakren in diesem Chakrenpaar übernehmen, wodurch in ihm ein Lebenskraftstau entsteht.

Die Blockade eines Chakras kann so weit gehen, daß für den betreffenden Menschen das Thema dieses Chakras – z.B. die Sexualität des Wurzelchakras oder das Setzen von klaren Grenzen durch das Hara zu einem Tabu-Thema werden.

Diese Störungen sind Polarisierungen in der Verteilung der Lebenskraft: das eine Chakra in einem Chakrenpaar hat einen Lebenskraftstau, das anderen einen Lebenskraftmangel.

Durch diese Dynamik gibt es drei grundlegende Möglichkeiten der Störung des Lebenskraftkörpers und somit auch der Psyche und des physischen Körpers:

Polarisierungen im Chakrensystem					
Chakren-paar	**heiler Zustand**	**Cha-kren**	**heiler Zustand**	**polarisierter Zustand 1**	**polarisierter Zustand 2**
inneres Chakren-paar	Selbst-liebe	Hals-chakra	sich zeigen	Lebenskraftmangel: nicht auf andere achten → <u>Star</u>	Lebenskraftstau: Schüchterheit → <u>Fan</u>
		Sonnen-geflecht	Lebhaf-tigkeit	Lebenskraftstau: Narzismus → <u>Star</u>	Lebenskraftmangel: nicht auf sich selber achten → <u>Fan</u>
mittleres Chakren-paar	Kraft	Drittes Auge	Orien-tierung	Lebenskraftmangel: nicht auf andere achten → <u>Täter</u>	Lebenskraftstau: Ohnmacht → <u>Opfer</u>
		Hara	innerer Halt	Lebenskraftstau: Machthunger → <u>Täter</u>	Lebenskraftmangel: nicht auf sich selber achten → <u>Opfer</u>
äußeres Chakren-paar	Fülle	Scheitel-chakra	geistiger Kontakt	Lebenskraftmangel: nicht auf andere achten → <u>Süchtiger</u>	Lebenskraftstau: Verzicht → <u>Asket</u>
		Wurzel-chakra	körperli cher Kontakt	Lebenskraftstau: Gier → <u>Süchtiger</u>	Lebenskraftmangel: nicht auf sich selber achten → <u>Asket</u>

Diese ungleiche Verteilung der Lebenskraft, die zu einem teilweise sehr einseitigen Verhalten führen kann, prägt auch die gesamte Beziehungsstruktur des Betreffenden:

- Der Betreffende hat Freundschaften zu Menschen desselben und des anderen Geschlechts, die dieselbe Polarisierung wie er selber haben.

- Der Betreffende hat Feindschaften mit Menschen desselben Geschlechts und der entgegengesetzten Polarität.

- Der Betreffende hat Beziehungen zu Menschen des anderen Geschlechts und der entgegengesetzten Polarität. Auch hier kann sehr schnell aus der Ergänzung der Polaritäten eine Feindschaft zwischen den Polaritäten werden.

die Beziehungs-Struktur				
Mann	*Freund*	*Freundin*	*Frau (Beziehung)*	*Feind*
Star	Star	Star-Frau	Fan-Frau	Fan
Fan	Fan	Fan-Frau	Star-Frau	Star
Täter	Täter	Täterin	Opfer-Frau	Opfer
Opfer	Opfer	Opfer-Frau	Täterin	Täter
Süchtiger	Süchtiger	Süchtige	Asketin	Asket
Asket	Asket	Asketin	Süchtige	Süchtiger

Frau	*Freundin*	*Freund*	*Mann (Beziehung)*	*Feindin*
Star-Frau	Star-Frau	Star	Fan	Fan-Frau
Fan-Frau	Fan-Frau	Fan	Star	Star-Frau
Täterin	Täterin	Täter	Opfer	Opfer-Frau
Opfer-Frau	Opfer-Frau	Opfer	Täter	Täterin
Süchtige	Süchtige	Süchtiger	Asket	Asketin
Asketin	Asketin	Asket	Süchtiger	Süchtige

Diese Übersicht soll vor allem zeigen, welch große Auswirkungen die ungleiche Verteilung der Lebenskraft in einem Chakrenpaar (die meist auf einem Trauma beruht) in dem Leben des Betreffenden hat.

(Eine ausführliche Darstellung dieses Themas findet sich in meinem Buch „Das Beziehungs-Mandala".)

App 23: Lebenskraft-Ausgleich

Wenn die Lebenskraft in einem Chakrenpaar nur in geringem Maße ins Ungleichgewicht geraten ist und nicht mehr frei durch die Sushumna fließen kann, kann man diese ungleiche Verteilung durch eine einfache Methode wieder ins Gleichgewicht bringen.

Zunächst einmal muß man herausfinden, in welchem Chakrenpaar das Ungleichgewicht zu finden ist:

- Geht es um Störungen in der Selbstliebe? Um Selbstblockaden, Selbstsabotage, Selbsthaß, Hemmungen, Beifallsneid und ähnliches? Dann liegt die Polarisierung in dem inneren Chakrenpaar.

- Geht es um Störungen in der Kraft? Um Schwanken, Haltlosigkeit, Härte, Hemmungen, Dominanz und ähnliches? Dann liegt die Polarisierung in dem mittleren Chakrenpaar.

- Geht es um Störungen in der Fülle? Um Kontakte, Ernährung, Sex, Nähe, Verkopftheit und ähnliches? Dann liegt die Polarisierung in dem äußeren Chakrenpaar.

Um das Gleichgewicht wiederherzustellen legt man die linke Hand auf das Chakra mit dem Lebenskraftstau und die rechte Hand auf das Chakra mit dem Lebenskraftmangel. Wenn man Linkshänder ist, nimmt man die jeweils andere Hand.

Diesen Ausgleich kann auch ein Außenstehender vornehmen, der dann seine Hände auf die betreffenden Chakren legt.

Diese Methode der Chakren-Harmonisierung funktioniert jedoch nur bei geringeren Störungen – wenn ein Trauma vorliegt, ist der Heilungsvorgang deutlich komplexer.

Wirkung: Chakrenpaare

Die Wirkung des Ausgleichs der Lebenskraft in einem Chakrenpaar, also die Auflösung eines Lebenskraftstaus und des dazugehörigen Lebenskraftmangels in dem anderen Chakren des betreffenden Paares ist zunächst einmal das freie Fließen der Lebenskraft. Dies führt dann dazu, daß man von der Star/Fan-Polarisierung zur Selbstliebe zurückkehrt, von der Täter/Opfer-Polarisierung zur Kraft, und von der Süchtige/Asket-Polarisierung zur Fülle.

12. Die Fülle

Das Wurzelchakra und das Scheitelchakra sind die „Heimat der Fülle" – zumindestens dann, wenn diese beiden Chakren weitgehend im Gleichgewicht sind.

Diese Fülle hat drei Quellen: für das Wurzelchakra das eigene Herzchakra und die Verbindung zur Erde sowie für das Scheitelchakra ebenfalls das Herzchakra, aber dann die Verbindung nach oben zur Sonne. Das wesentliche „technisch-logistische" Element ist hier offenkundig die Sushumna, die die Funktion des zentralen „Lebenskraft-Kanals" hat, durch den diese Fülle fließt.

Es gibt keine einfache und schnelle Methode, alles, was in einem Chakra nicht im optimalen Zustand ist, von jetzt auf gleich in Ordnung zu bringen, aber man kann diesen Heilungsprozeß zumindestens anregen und fördern.

Da die Psyche und der Lebenskraftkörper eng zusammenhängen, gibt es zwei verschiedene Ansatzpunkte:

- Man heilt die Psyche, woraufhin die Lebenskraft wieder frei fließen kann.

- Man regt das Fließen der Lebenskraft an, wodurch alle Blockaden der Lebenskraft bewußt werden.

Man sollte generell beide Methoden benutzen, aber sich Zeit lassen, d.h. sich selber keinen großen Druck machen. Schließlich kann ein Trauma – falls eins vorhanden sein sollte – wenn es plötzlich und unvorbereitet geöffnet wird, die Psyche ziemlich durcheinanderwirbeln.

Es ist daher sinnvoll, die Intensität der Atemübungen, der Mantra-Meditationen usw. nur allmählich zu steigern und sich Zeit zu lassen, die Gefühle und Bilder, die dabei evtl. aufsteigen, in Ruhe zu fühlen und zu betrachten. Falls die Erlebnisse zu heftig werden, sollte man sich auch Hilfe beim Verarbeiten holen.

Das Reinigen und Heilen der Chakren ist eine ziemlich gründliche Selbstheilungs-Methode, bei der keine Ecke des Kellers der eigenen Psyche unbeleuchtet bleibt.

Man kann natürlich fragen, was all das mit Magie zu tun hat. Die Antwort ist einfach: Magie funktioniert am einfachsten und am mühelosesten, wenn die Impulse aus dem Herzchakra ungehindert und widerspruchsfrei und unverzerrt durch die Psyche, d.h. durch die sechs äußeren Chakren nach außen in jede Haltung und Haltung strahlen kann.

App 24:   Die Fülle des Wurzelchakras

Es gibt viele Ansätze, die Fülle des Wurzelchakras zu befreien bzw. die bereits vorhandene Fülle noch weiter zu fördern. Zu diesen Methoden gehören:

- Eine einfache Methode ist die Benutzung eines Mantras, das die Verbindung zwischen Herzchakra und Wurzelchakra herstellt. Dabei spricht man beim Einatmen innerlich „Seele" und zieht mit dem Atem Lebenskraft in das Herzchakra. Beim Ausatmen spricht man innerlich „Fülle" und stellt sich vor, wie ein Lebenskraft-Lichtstrahl vom Herzchakra zum Wurzelchakra hinunter leuchtet.

- Eine zweite Möglichkeit ist die Verwendung eines Mantras, das die Verbindung nach unten zur Erde herstellt. Dabei spricht man beim Einatmen „Erde" und zieht Lebenskraft aus der Erde in das eigene Wurzelchakra herauf. Beim Ausatmen spricht man innerlich „Fülle" und läßt diese Lebenskraft im Wurzelchakra aufleuchten.

- Generell sind alle Methoden der Erweckung der Kundalini förderlich.

- Auch eine Traumreise in das eigene Wurzelchakra kann hilfreich sein.

- Weiterhin kommen hier auch Anrufungen von Erd-Gottheiten und Fülle-Gottheiten in Frage. Man kann auch Füllhorn-Rituale und ähnliches entwerfen und durchführen.

- Da der Mond dem Wurzelchakra entspricht, können auch Mond-Anrufungen, Traumreisen zum Mond, nach Yesod und zu den Muttergöttinnen, sowie das Mond-Hexagramm hilfreich sein.

Man kann sich auch des Nachts an einen abgelegenen Ort stellen und die Arme so emporheben, das die beiden Handflächen zum Mond weisen. Dann stellt man sich vor, wie das Mondlicht in die Handflächen fließt und dann den ganzen Körper umhüllt, erfüllt und sich insbesondere im Wurzelchakra sammelt. Dieses „im Mondlicht baden" klingt sehr schlicht, aber es hat eine ausgesprochen angenehme Wirkung. Nebenher ist dies auch eine einfache Methode, die eigenen Handchakren zu aktivieren und zu spüren.

- Eine der direktesten Methoden, um die Fülle in dem eigenen Wurzelchakra wieder zu spüren, ist die Teilnahme an einer Schwitzhütten-Zeremonie. Dabei sitzt man im Bauch von Mutter Erde – und der Mutterbauch ist neben den Mutterbrüsten das Urbild der Fülle.

- Schließlich sind auch noch Sex, der Aufenthalt in der Natur, das genußvolle Essen und Trinken, Massagen und andere Dinge, die die Sinne anregen, ausgesprochen förderlich.

Die Funktion des Wurzelchakras in der Magie ist es, die nötige Lebenskraft bereit-zustellen und zudem auch überhaupt Bedürfnisse zu haben – ohne das Wurzelchakra würden wir erst gar kein Verlangen nach irgendetwas haben, was uns dazu bewegen könnte, es mithilfe von Magie in unser Leben zu holen.

App 25:   Die Fülle des Scheitelchakras

Es gibt viele Ansätze, die Fülle des Scheitelchakras zu befreien bzw. die bereits vor-handene Fülle noch weiter zu fördern. Zu diesen Methoden gehören:

- Bei der Herstellung einer Lebenskraft-Verbindung vom Herzchakra zum Scheitelchakra verwendet man die Imagination eines Lichtstrahls zwischen den beiden Chakren und das Mantra „Seele – Fülle". Die Atmung ist wie schon beschrieben an die Imagination gekoppelt.

- Wenn man eine Verbindung vom Scheitelchakra nach oben imaginiert, benutzt man das Mantra „Sonne – Fülle".

- Man kann auch eine zum Scheitelchakra passende Gottheit anrufen – wo-bei die Anrufungen („Invokationen") generell zum Scheitelchakra gehören, da dieses Chakra das „Tor zum kollektiven Unterbewußtsein" ist.

- Aufgrund der Verwandtschaft des Saturns mit dem Scheitelchakra kann man das Scheitelchakra auch mithilfe des Saturn-Hexagramms aktivieren.

- Der vermutlich direkteste Zugang zu dem Scheitelchakra ist die Stille-Meditation (Zen).

Die Funktion des Scheitelchakras in der Magie ist es – wie schon erwähnt – der Kontakt „nach oben", also zu den Gottheiten. Das Scheitelchakra ist daher das Chakra der Invokationen.

Wirkung: Kontakt

Die beiden Fülle-Chakren, also das Wurzelchakra und das Scheitelchakra, stellen den körperlichen und den geistigen Kontakt her, der letztlich auch die Ursache für die Fülle ist.

13. Die Kraft

Die Qualität der beiden mittleren Chakren ist recht vielfältig: Sie sind die Formen, die Gedanken, die Strukturen, die Klarheit, die Kraft, die Abgrenzung, der Schutz, die Orientierung, der Standpunkt – also alles, was mit Unterscheidung und dem Aufrechterhalten der ausgewählten Form der Unterscheidung zu tun hat.

App 26:   Die Kraft des Haras

Es gibt viele Ansätze, die Kraft des Haras zu befreien bzw. die bereits vorhandene Kraft noch weiter zu fördern. Zu diesen Methoden gehören:

- Am einfachsten ist die an den Atem gekoppelte Imaginationen der Verbindung vom Herzchakra zum Hara, bei der man das Mantra „Seele – Kraft" spricht.

- Man kann stattdessen auch die Verbindung von der Erde zu dem Hara empor imaginieren und dabei das Mantra „Erde – Kraft" verwenden.

- Man kann auch eine Hara-Gottheit wie z.B. Thor anrufen.

- Man kann das Merkur-Hexagramm zur Aktivierung des Haras verwenden.

- Generell ist Kampfsport förderlich, um ein stabiles, elastisches, schwingendes Hara zu erhalten.

- Alles Rhythmische vom Sex über den Tanz bis zum Trommeln ist für die Weiterentwicklung des Haras ausgesprochen förderlich.

- Eine einfache Methode sind alle Arten von Gleichgewichts-Übungen.

- Alle Formen der Kampfmagie haben eine intaktes Hara zur Voraussetzung – daher fördert das Training aller Formen der Kampfmagie die Entwicklung des Haras.

Die Funktion des Haras in der Magie ist es, einen festen inneren Halt zu haben und sich gegen Hindernisse durchzusetzen bzw. sie aus dem Weg zu räumen.

Das Hara könnte auch eine Rolle bei der Telekinese spielen – sicher ist dies jedoch nicht.

Versuch 10: Papierrädchen

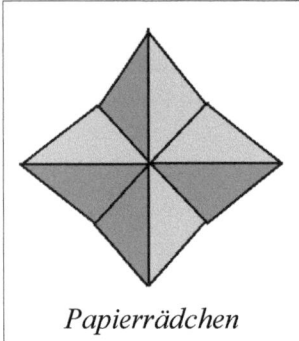

Papierrädchen

Es gibt einen Versuch, mit dem man die Telekinese direkt nachweisen kann. Man kann ihn bei „youtube" unter dem Stichwort „psi-wheel" finden. Es ist jedoch sinnvoll, den Versuch selber durchzuführen, damit man erlebt, daß er wirklich funktioniert.

Bei diesem Versuch steckt man eine Stecknadel durch ein Stück Pappe und legt beides so auf einen Tisch, daß die Nadelspitze nach oben zeigt.

Dann faltet man ein Stück Papier von der Größe von 3,5cm · 3,5cm, daß es am Ende so wie auf der Abbildung links aussieht. Dann legt man das Papier-Rädchen mit seiner Mitte auf die Nadelspitze, sodaß es dort ruhig liegt und mit einem sehr geringen Kraftaufwand gedreht werden kann.

Schließlich hält man seine Hände neben das Papierrädchen und stellt sich vor, daß Papier-Rädchen zu drehen.

Das häufig vorgebrachte Argument, daß sich das Papierrädchen durch die Wärme der Hände dreht, ist Unsinn, weil das Papierrädchen dafür die Form eines Propellers haben müßte – zudem müßte dieser Versuch dann auch funktionieren, wenn man Teelichter neben das Papierrächen stellt.

App 27:   Die Kraft des Dritten Auges

Es gibt viele Ansätze, die Kraft des Dritten Auges zu befreien bzw. die bereits vorhandene Kraft noch weiter zu fördern. Zu diesen Methoden gehören:

- Bei der an den Atem gekoppelten Imagination der Verbindung vom Herzchakra zum Dritten Auge benutzt man das Mantra „Seele – Kraft".

- Bei der Herstellung der Verbindung vom Dritten Auge nach oben zur Sonne kann man das Mantra „Sonne – Kraft" verwenden.

- Anrufungen von Gottheiten, bei denen das Dritten Auge oder die erwachte Kundalini, die im Dritten Auge ruht, betont ist – wie Osiris, die Titanen, die keltischen Foimore, Shiva usw. sind ebenfalls förderlich.

- Man kann das Jupiter-Hexagramm zur Aktivierung des Dritten Auges benutzen.

- Hypnose-Versuche trainieren die Verwendung des Dritten Auges.

Die Funktion des Dritten Auges in der Magie ist es, ausreichend Orientierung zu besitzen, den eigenen Weg zu sehen und Möglichkeiten zu erkennen. Das Dritte Auge scheint auch bei Hypnose, Telepathie und ähnlichem eine größere Rolle zu spielen.

Wirkung: Orientierung und innerer Halt

Die Wirkung der beiden heilen, intakten und aktiven Form-Chakren ist die Orientierung und die Standfestigkeit, verbunden mit einer in sich selber ruhenden Kraft.

Es ist offensichtlich, daß man diese Eigenschaften in der Magie gut gebrauchen kann – ganz besonders in der Kampfmagie.

14.   Der Schutz

Der Schutz ist eigentlich ein Aspekt der beiden mittleren Chakren, also des Haras und des Dritten Auges. Da Schutz in der Magie jedoch eine recht große Rolle spielt, wird er hier noch einmal kurz gesondert betrachtet.

Der Schutz ist ein Aspekt der Kraft, mit der man eine gewünschte Form aufrecht erhält. Dafür braucht man einen festen inneren Halt, also das Hara, sowie eine gute Orientierung ringsum, also das Dritte Auge.

Letztlich ist natürlich die Identität in dem eigenen Herzchakra die Wurzel jeglichen Schutzes und Haltes.

Das rotierende Herzchakra sendet wiederum nach oben und nach unten die Sushumna aus, die wie der Weltenbaum der Halt des ganzen Chakrensystems ist – sozusagen der innere Weltenbaum. Die Sushumna ruht wiederum im Herzchakra.

Man kann sich auch einen Schutz durch das Kleine Pentagramm-Ritual erschaffen. Dieser Schutzkreis ist mit der mittleren Zone des Lebenskraftkörpers verbunden, also mit der „Stoßfront", in der auch das Hara und das Dritte Auge liegen. Im Zusammenhang mit dem Kleinen Pentagramm-Ritual kann man sich vorstellen, daß dieser Schutzkreis in dieser mittleren Zone des eigenen Lebenskraftkörpers liegt – bzw. daß sich diese Schutzhülle des eigenen Lebenskraftkörpers bis zu dem auf dem Fußboden imaginierten Schutzkreis hin ausdehnt und mit ihm identisch wird.

Das eigentliche Geheimnis des Schutzes ist die Selbstbejahung. Wenn man mit sich selber in Frieden ist, strahlt man, und dieses Strahlen, dieser hemmungslose Selbstausdruck ist auch ein hemmungsloser Lebenskraft-Druck, der alle Angreifer abwehrt. Einen Menschen, der eine solche Ausstrahlung des hemmungslosen Selbstausdrucks hat, wird niemand angreifen, weil er spürt, daß er dann schlechte Karten haben wird.

Versuch 11:   Feuerlauf

Der Schutz, den Magie bieten kann, läßt sich am besten durch die Teilnahme an einem Feuerlauf erleben. Dabei geht man über 700-800° heiße glühende Holzkohle – obwohl schon bei 300° jedes Schnitzel anbrennt …

Man kann die Glut auch in die Hände nehmen, sich hineinlegen oder Glutstückchen aufessen. Es gibt kaum etwas anderes, was so überzeugend einen magischen Schutz demonstrieren kann.

Wirkung: Schutz

Die Wirkung des Erlebens eines „Schutzes durch Lebenskraft" ist eben, daß man sich geschützter fühlt und ein Gespür dafür bekommt, wie man sich schützen kann.

Das ist insbesondere für Menschen, die zu dem „zu leisen" Asket/Opfer/Fan-Typus gehören, von Wichtigkeit. Menschen, die zu dem „zu lauten" Süchtiger/Täter/Star-Typus gehören, sind diejenigen, die die Grenzen anderer verletzen und übertreten und das auch vollkommen richtig finden.

15. Die Selbstliebe

Die beiden Chakren der inneren Zone des Lebenskraftkörpers sind das Sonnengeflecht und das Halschakra. Sie sind für den hemmungslosen und ungehinderten Selbstausdruck zuständig – also für die Gefühle.

Die sieben Chakren haben eine Hierarchie, d.h. eine innere Ordnung und Dynamik. Sie sieht wie folgt aus:

- Das Herzchakra ist der Tempel der Seele, die Quelle der eigenen Identität.

- Die Gefühle im Sonnengeflecht und im Halschakra sind die Strahlen der Sonne im Herzchakra.

- Die Gedanken und Formen im Hara und im Dritten Auge sind die Konkretisierung der Gefühle im Sonnengeflecht und im Halschakra.

Wenn das Herzchakra die Sonne ist und das Sonnengeflecht und das Halschakra die Sonnenstrahlen sind, dann ist das Hara und das Dritte Auge das vielfältige Bild, das sich aus Sonnenlicht und Schatten ergibt.

- Der Kontakt im Wurzelchakra und im Scheitelchakra sind das konkrete Erleben dessen, was man angestrebt hat.

In dem Sonnenlicht-Bild sind das Wurzelchakra und das Scheitelchakra die konkreten Stellen, an denen das Sonnenlicht die Erde berührt.

App 28: Die Selbstliebe des Sonnengeflechts

Es gibt viele Ansätze, die Selbstliebe des Sonnengeflechts zu befreien bzw. die bereits vorhandene Selbstliebe noch weiter zu fördern. Zu diesen Methoden gehören:

- Man kann eine Lebenskraft-Verbindung vom Herzchakra zum Sonnengeflecht herstellen und dabei das an den Atem gekoppelte Mantra „Seele – Selbstliebe" benutzen.

- Man kann auch eine Verbindung vom Sonnengeflecht nach unten in die Erde hinein imaginieren und dabei das Mantra „Erde – Selbstliebe" verwenden.

- Auch hier sind Anrufungen von Gottheiten hilfreich – z.B. den tanzenden Shiva aus Indien, die ägyptische Löwengöttin Sachmet oder auch Mahto, den Großen Bären aus dem Dakota-Schwitzhütten-Ritual.

- Man kann das Venus-Hexagramm zur Aktivierung des Sonnengeflechtes verwenden.

Die Funktion des Sonnengeflechts in der Magie ist es, auf sich selber ausgerichtet zu bleiben, die eigene Lebenskraft selber zu lenken und sie nicht von außen her durch Druck oder Emotionen lenken zu lassen. „Energie-Vampire" saugen die Lebenskraft in aller Regel am Sonnengeflecht aus einem Menschen heraus.

App 29:   Die Selbstliebe des Halschakras

Es gibt viele Ansätze, die Selbstliebe des Halschakras zu befreien bzw. die bereits vorhandene Selbstliebe noch weiter zu fördern. Zu diesen Methoden gehören:

- Wie immer ist die Imagination der Verbindung vom Herzchakra zum Halschakra, verbunden mit dem Mantra „Seele – Selbstliebe", förderlich.

- Dasselbe gilt für die Verbindung vom Halschakra nach oben zur Sonne, wobei innerlich das Mantra „Sonne – Selbstliebe" gesprochen wird.

- Auch Anrufungen von Gottheit, die mit Halschakra verwandt sind wie z.B. der germanische Heimdall, sind hilfreich.

- Offensichtlich – wie die Erfahrungen vieler Menschen zeigen – hängt das Halschakra mit der Astralreise zusammen und zudem mit der Angst vor dem Tod. Der Grund hierfür ist nicht ganz klar – möglicherweise gibt es hier auch mehrere Ursachen.

- Man kann das Mars-Hexagramm zur Aktivierung des Halschakras benutzen.

Die Funktion des Halschakras in der Magie ist das zu-sich-Stehen, das sich-Zeigen, das Raum-Einnehmen, das eine-Gemeinschaft-Dominieren und ähnliches. Dieses Chakra hat daher sehr viel mit Macht-Magie, Kampf-Magie, Hypnose, Suggestionen und ähnlichen Dominanz-Methoden zu tun. Letztlich beruhen sie alle darauf, daß man selber derjenige ist, der die eigene engere oder auch weitere Umgebung prägt.

Wirkung: freier Selbstausdruck

Das Sonnengeflecht und das Halschakra fördern beide den hemmungslosen, emotionalen Selbstausdruck. Ohne diese beiden Chakren hat die Magie keine Kraft. Wenn die Magie erst im Hara und im Dritten Auge beginnt, besteht sie nur aus trockenen, leeren Worten, die keinerlei Wirkung haben,. Erst die Gefühle, die in dem eigenen Willen gegründet sind, geben den Worten Kraft.

Dasselbe gilt auch für die Meditation: Man erreicht früher oder später einen Punkt, an dem die Früchte der Meditation nur noch dann weiterwachsen, wenn man in der Meditation nicht nur lebhaft imaginiert und klar denkt, sondern auch intensiv fühlt – denn das Gefühl ist der Erstgeborene des Willens. Aus der Identität im Herzchakra heraus entstehen zuerst die Gefühle des Sonnengeflechts und des Halschakras.

16. Traumata

Ein Traum entsteht in einer Streßsituation, in der anschließend der Streß nicht wieder abgebaut werden kann, sondern sozusagen in einer Konservendose eingesperrt wird, die dann auf einem dunklen Regal im Keller der Psyche steht und dort vor sich hin rappelt.

Dieser Streß ist – aus magischer Sicht gesehen – auch Lebenskraft, die unter Druck steht. Dieser eingesperrte Streß befindet sich in dem Chakra, mit dem man die Streß-Situation zu lösen versucht hat.

Die drei unteren Chakren versuchen, Gefahren-Situationen durch Angriff zu lösen – die drei oberen Chakren versuchen, Gefahren-Situationen durch Flucht zu lösen.

Trauma in einem Chakra				
		Thema		
		Nähe (Vergewaltigung u.ä.)	*Kraft (Gewalt, Bedrohung)*	*Selbstliebe (Psychoterror, ständige Kritik)*
Lebens-kraft-Stau und **Lebens-kraft-Mangel** in einem **Chakren-paar**	*Lösungs-versuch durch Angriff*	Süchtiger	Täter	Star
		Lebenskraft-Stau im Wurzelchakra	Lebenskraft-Stau im Hara	Lebenskraft- Stau im Sonnengeflecht
		Lebenskraft-Mangel im Scheitelchakra	Lebenskraft-Mangel im Dritten Auge	Lebenskraft-Mangel im Halschakra
	Lösungs-versuch durch Flucht	Asket	Opfer	Fan
		Lebenskraft-Mangel im Wurzelchakra	Lebenskraft-Mangel im Hara	Lebenskraft-Mangel im Sonnengeflecht
		Lebenskraft-Stau im Scheitelchakra	Lebenskraft-Stau im Dritten Auge	Lebenskraft-Stau im Halschakra

Wenn ein Trauma entstanden ist, kann man nicht mehr vollständig in den Normal-Modus umschalten. Die Lebenskraft, die zum Angriff in eines der unteren Chakren gelenkt worden ist, bzw. die Lebenskraft, die zur Flucht in eines der oberen Chakren gelenkt worden ist, kann nicht mehr frei fließen, sondern bleibt in dem betreffenden Chakren eingesperrt.

Das bedeutet, daß dieses Chakra anschließend ständig „unter Strom steht" und man z.B. sehr schnell zusammenbricht (Trauma in einem der drei oberen Chakren) bzw.

ausrastet (Trauma in einem der drei unteren Chakren).

Da ein sehr großer Teil der Lebenskraft in dem „Trauma-Chakra" gefangen ist, herrscht in dem Gegenpol zu dem betreffenden Chakra ein Lebenskraft-Mangel.

Dadurch wird auch das eigene Verhalten einseitig – man ist ständig auf Gier, Angriff und Beifalls-Neid gepolt (untere Chakren) oder auf Verzicht, Flucht und Beifall-Spenden (obere Chakren).

Abgesehen davon, daß das das Leben schwer macht, macht solch ein Trauma auch die eigene Magie uneffizient, da es kaum noch möglich ist, sich dessen, was man ist und will (Herzchakra), bewußt zu werden. Somit wünscht man sich Dinge, die man anschließend nicht wirklich genießen kann, wenn man sie erhalten hat.

Außerdem entsteht durch ein Trauma auch noch eine unbewußte Form der Magie: Die Lebenskraft in einem Trauma ist derart fixiert, also „leidvoll eingerichtet", daß sie die Dinge, deren Bilder in dem Trauma eingesperrt sind, immer und immer wieder in das eigene Leben hereinruft – der allgemein bekannte „Wiederholungszwang".

Daher ist das Auflösen eines Trauma, wenn eins vorhanden sein sollte, eine der wichtigsten Vorbereitungen für effektive Magie.

17. Ida und Pingala

Wenn ein Ion auf ein Magnetfeld trifft, wird es von diesem Magnetfeld abgelenkt. Zu der ursprünglichen Flugrichtung des Ions kommt dann der Einfluß des Magnetfeldes hinzu, der dazu führt, daß sich das Ion in dem Magnetfeld weiterbewegt. Dieses Ion bewegt sich dann durch die Überlagerung seiner ursprünglichen Bewegung mit dem Einfluß des Magnetfeldes auf einer Spirale, die in die Richtung des Magnetfeldes zeigt.

Da es erstens positiv geladene Ionen und negativ geladene Ionen gibt und da zweitens ein Magnetfeld auf gegensätzliche Ladungen auch gegensätzlich wirkt, fliegen gegensätzlich geladene Ionen in einem Magnetfeld auch in Spiralen, die sich in entgegengesetzen Richtungen drehen.

Galaxie mit Jets und mit Spiralen um diese Jets

Warum das von Bedeutung ist? Eine Sonne strahlt Ionen ab und sie hat entlang ihrer Rotationsachse ein sehr starkes Magnetfeld. Das bedeutet, das sich in diesen Magnetstrahlen, die an den Rotations-Polen einer Sonne oder einer Galaxie austreten, die von der Sonne bzw. von der Galaxie ausgestrahlten Ionen in zwei entgegengesetzen Spiralen bewegen.

Wie alle anderen bisher betrachteten astronomischen Phänomene findet sich auch dieser „Spiral-Effekt" in der Lebenskraft wieder. Um ihn wiederzuerkennen, ist es sinnvoll, die dreidimensionale Darstellung der beiden Ionen-Spiralbahnen zweidimensional darzustellen:

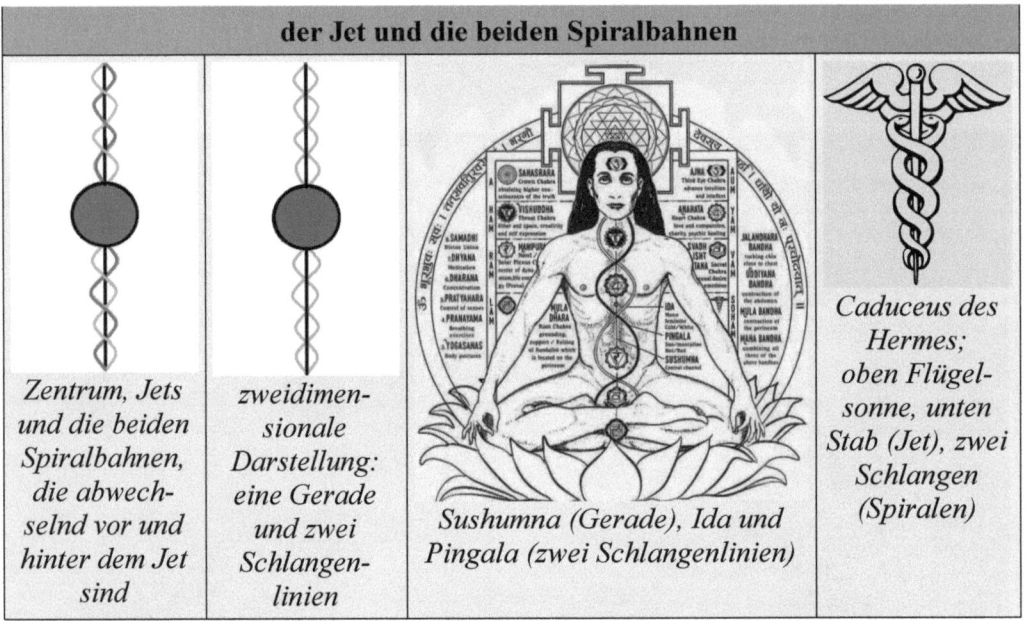

der Jet und die beiden Spiralbahnen			
Zentrum, Jets und die beiden Spiralbahnen, die abwechselnd vor und hinter dem Jet sind	*zweidimensionale Darstellung: eine Gerade und zwei Schlangenlinien*	*Sushumna (Gerade), Ida und Pingala (zwei Schlangenlinien)*	*Caduceus des Hermes; oben Flügelsonne, unten Stab (Jet), zwei Schlangen (Spiralen)*

Der Magnetfeldstrahl (Jet), der im Lebenskraftkörper als die Sushumna erscheint, wird von dem Zentralkörper (Sonne, Herzchakra) ausgesandt und entsteht durch die Rotation des Zentralkörpers, durch die dessen Magnetfeld zu einem Strahl gebündelt wird. Der Jet und die Sushumna sind daher ein gerader Strahl.

Die Ionen, die von der Sonne abgestrahlt werden, bewegen sich in den beiden Magnetstrahlen (Jets) der Sonne jedoch in Spiralformen. Die Ionen fliegen entsprechend ihrer gegensätzlichen Ladung auch in Spiralen, die sich in gegensätzlicher Richtung drehen: im Uhrzeigersinn und gegen den Uhrzeigersinn.

Diese beiden Spiralen, die im Lebenskraftkörper „Ida" und „Pingala" genannt werden, sind offenbar gegensätzlich: Sie haben eine verschiedene Ladung und daher auch eine verschiedene Drehrichtung. Zugleich gehören sie jedoch auch zusammen: Sie bestehen beide aus Ionen und fliegen in Spiralbahnen. Die Lebenskraft in Ida und Pingala sollte daher wie die Ionen in den beiden Jets der Sonne eine Gegensatz-Ergänzung sein.

Der grundlegendste Gegensatz bei den Menschen ist die Unterscheidung in Mann und Frau – die auch im Yoga als die Grundqualität von Ida und Pingala aufgefaßt wird.

Mittlerweile läßt sich eine Hierarchie in dem Aufbau des Lebenskraftkörpers erkennen:

1. Das gesamte System beginnt mit dem Herzchakra, in dem sich die Identität befindet. Das bedeutet, daß das Ruhen im eigenen Herzchakra und die Kenntnis der eigenen Seele in diesem Chakra das Fundament der gesamten Magie ist.

2. Das Herzchakra sendet nach oben und nach unten die Sushumna aus, in der sich das Bild der Seele befindet, da es auf dieser Entwicklungsstufe noch keine anderen Strukturen gibt.

3. Das Strahlen des Herzchakras und die Sushumna lassen Ida und Pingala entstehen, in denen sich das Bild des heilen inneren Mannes und der heilen inneren Frau befinden. Sie sind die beiden polare Spiegelbilder der Seele.

4. Durch das Strahlen des Herzchakras entstehen drei verschiedene Zonen rings um das Herzchakra her.

5. An der Sushumna entsteht unterhalb des Herzchakras und oberhalb des Herzchakras in jeder der Zonen jeweils ein Chakra – die sechs äußeren Chakren.

6. Diese drei Chakren-Paare können sich durch ein Trauma o.ä. polarisieren. Dabei polarisieren sich dann auch das Bild des inneren Mannes und der inneren Frau, die dadurch zu dem polarisierten inneren Männer-Paar und dem auf dieselbe Weise polarisierten inneren Frauen-Paar werden. Das sind dann z.B. Süchtiger und Askete sowie Süchtige und Asketin.

7. Eine dieser Rollen übernimmt der betreffende Mensch selber (z.B. Asket), die anderen Rollen übernehmen andere Menschen in seinem Leben. Zusammen wird dann das leidvolle Lebensdrama aufgeführt – in dem Beispiel des Asketen wären dies andere Asketen (Freunde), Asketinnen (Freundinnen), süchtige Männer (Feinde) und süchtige Frauen (Beziehungs-Partner).

Hier gibt es offensichtlich einiges zu heilen, damit dieses Lebens-Drama enden kann. Offensichtlich müssen sich dabei die beiden polarisierten Frauenbilder sowie die beiden polarisierten Männerbilder begegnen und auflösen, damit wieder das heile Frauenbild und das heile Männerbild das Leben des Betreffenden prägen kann.

(Anregungen dazu finden sich in meinen Büchern „Das Beziehungs-Mandala" und „Liebeszauber für Anfänger".)

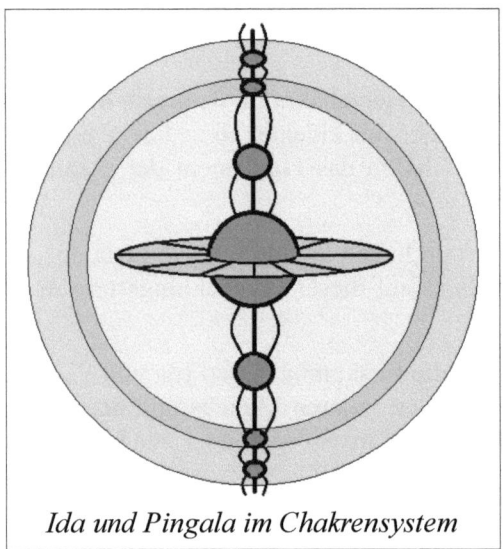

Ida und Pingala im Chakrensystem

Die Sushumna, Ida und Pingala werden im Yoga zusammen als „Nadis" bezeichnet. Da es noch viele weitere Nadis gibt, die den Akupunktur-Meridianen entsprechen, könnte man die drei Nadis Sushumna, Ida und Pingala auch als die drei „Haupt-Nadis" bezeichnen.

In den Darstellungen der Chakren und der drei Nadis befindet sich stets dort ein Chakra, wo sich diese drei Nadis kreuzen (siehe die Graphik links). Ob dies in dieser Weise zutrifft, ist jedoch fraglich.

Es könnte schließlich auch sein, daß Ida und Pingala innerhalb des Lebenskraftkörpers auf ihrem Spiral-Weg vom Herzchakra bis zu den äußeren beiden Chakren nicht nur drei Kreise drehen, sondern deutlich mehr. Es könnte sich hier also um eine schematische Darstellung und nicht um eine konkrete Darstellung mit exakt der richtigen Anzahl von Spiralwindungen zwischen dem Herzchakra und dem Wurzelchakra bzw. dem Scheitelchakra handeln.

App 30: Solo-Tantra

Man sitzt – wenn man ein Mann ist – im Lotussitz oder im Schneidersitz o.ä. und stellt sich vor, das auf dem eigenen Schoß „man selber als Frau" sitzt. Wenn man eine Frau ist, stellt man sich „sich selber als Mann" vor und sitzt auf seinem Schoß.

Idealerweise ruft man in sich selber den eigenen heilen inneren Mann wach und bittet die eigene heile innere Frau, sich auf den eigenen Schoß zu setzen – bei einer Frau ist dies dann umgekehrt.

In dieser Imagination sind beide unbekleidet und beide sind miteinander sexuell vereint. Die Gesichter sind einander zugewandt, die Beine der Frau sind hinter dem

Rücken des Mannes gekreuzt.

Dann spürt man in das Gefühl dieser imaginierten Vereinigung hinein.

Man kann sich auch im Atemrhythmus bewegen: Beim Einatmen zieht der Mann seinen Unterleib zurück und die Frau ihren vor – beim Ausatmen umgekehrt.

Diese Meditation läßt sich auch differenzierter durchführen:

- Man stellt sich in jedem seiner sieben Chakren seinen inneren Mann und seine innere Frau vor, die nackt voreinander sitzen. Man macht sich noch einmal die Funktionen der einzelnen Chakren deutlich und imaginiert den inneren Mann und die innere Frau als die beiden Aspekte des jeweiligen Chakras.

- Man beginnt beim Wurzelchakra und atmet in dieses Chakra – abwechselnd in den inneren Mann und in die innere Frau (evtl. mit dem passenden Chakra-Mantra).

Beide rücken näher aneinander heran und vereinen sich schließlich. Ab diesen Zeitpunkt atmet man in beide gleichzeitig. Man spürt der Qualität des Chakras nach, die jetzt in diesem Chakra in dem Mann und der Frau und auch zwischen den beiden aufleuchtet.

- Dies wieder holt man in den anderen sechs Chakren in aufsteigender Reihenfolge.

Man kann diese Meditation auch so vereinfachen oder durch weitere Aspekte ergänzen, daß es sich für einen selber gut anfühlt.

App 31: Paar-Tantra

Bei der Paar-Meditation geht man wie bei der Solo-Meditation vor. Wichtig ist dabei, daß es nicht zu einem Orgasmus kommt, sondern daß die Spannung gehalten wird. Man bewegt sich nur soviel wie nötig ist, um die Erektion aufrechtzuerhalten.

Dies führt dazu, daß die Spannung in der Lebenskraft weiter steigt (auch wenn man das zunächst vielleicht gar nicht bemerkt) und schließlich die Kundalini anregt, ein Chakra erweckt o.ä.

Man kann das natürlich in jeder beliebigen Haltung durchführen, die bequem genug ist, um sie eine Weile beibehalten zu können.

Möglicherweise fühlt sich das zunächst einmal ein wenig langweilig an und man fragt sich evtl., ob der andere inzwischen schon eingeschlafen ist, aber es lohnt sich, dabei ein wenig geduldig zu sein.

Wirkung: Lebendigkeit

Die erste Wirkung aller Meditationen und Rituale, bei denen es um das eigene Mann/Frau-Verhältnis geht, ist die schrittweise Heilung des eigenen inneren Männer-Bildes und des eigenen inneren Frauen-Bildes. Das führt wiederum auch im Außen zu mehr Harmonie und intensiveren Begegnungen und das wiederum zu mehr Lebendigkeit.

Da sich die inneren Bilder bei jeder Art von Magie, die man durchführt, gerne einmischen, und da das innere Männer-Bild und das innere Frauen-Bild zwei der wichtigsten inneren Bilder sind, ist eine Heilung dieser Bilder ausgesprochen förderlich für die Magie.

Wenn das innere Frauenbild z.B. die Vorstellung enthält, daß man für Nähe zu einem Mann alles opfern muß, werden sämtliche Liebeszauber, die man durchführt, zwar evtl. funktionieren, aber die konkreten Ergebnisse werden eben Männer sein, die auch von einem verlangen, daß man alles für sie opfert. Nun – der Zauber hat geklappt, aber er hat nicht zum Märchenprinzen geführt … ganz im Gegenteil!

18. Die waagerechten Verbindungen

Bisher sind die internen Strukturen und Dynamiken des Lebenskraftkörpers beschrieben worden. Es gibt jedoch auch externe Strukturen und Dynamiken.

Diese Verbindungen können als milchigweiße Lebenskraft-Schnüre gesehen werden, die von dem eigenen Körper zu dem Körper eines anderen Menschen, eines Tieres, einer Pflanze, eines Berges usw. reichen. In Anlehnung an die „Silberschnur" genannte Lebenskraftschnur, die man manchmal bei Astralreisen zwischen dem eigenen Astralkörper und dem eigenen physischen Körper sieht, kann man auch diese Lebenskraft-Schnüre „Silberschnur" nennen. Das „silbern" in diesem Begriff bezieht sich auf die Wahrnehmung der Lebenskraft als milchigweißes Leuchten mit einem leichten Blauschimmer.

Viele Silberschnüre setzen an dem Sonnengeflecht an: die Verbindungen zu Beziehungspartnern, zu den Eltern und zu den Kindern scheinen immer hier zu beginnen.

Es ist nicht leicht, sicher zu sagen, ob sie tatsächlich am Sonnengeflecht beginnen oder nicht vielleicht doch ein wenig weiter unten am Nabel. Da am Nabel vor der Geburt die Nabelschnur zu der Mutter angesetzt hat, wäre es ausgesprochen plausibel, wenn auch die Lebenskraft-Nabelschnüre zu anderen Menschen hier ansetzen würden. Aber „Sonnengeflecht" ist auf jeden Fall für alle praktischen Belange präzise genug.

Im Yoga wird zwischen Chakra und Kshetram unterschieden. Hinzu kommen noch die Aurapunkte.

Die Chakren liegen waagerecht in der Körpermitte. Die Kshetrams liegen vor und hinter den Chakren senkrecht auf der Körperoberfläche. Die Aurapunkte liegen vor und hinter den Kshetrams außen auf der Oberfläche des Lebenskraftkörpers.

Soweit sich das sagen läßt, liegen in den Chakren die Impulse, im Kshetram die Formen, die diese Impulse annehmen, und in den Aurapunkten die Kontakte nach außen hin. Diese drei Schritte sind auf dieselbe Weise aufgebaut wie die Folge „Sonnengeflecht – Hara – Wurzelchakra" und „Halschakra – Drittes Auge – Scheitelchakra" sowie die Folge „Sonnenwind – Stoßfront – Bugwelle".

Es läßt sich leicht sehen, daß die Bilder und Impulse in den Chakren schrittweise zu den konkreten Erlebnissen im Außen werden:

- Im Herzchakra liegt die Identität.

- Die Identität wird im Sonnengeflecht und im Halschakra zu konkreten Impulsen und somit auch zu Gefühlen.

- Die Impulse werden im Hara und im Dritten Auge zu konkreten Plänen und somit auch zu Gedanken.

- Die Pläne führen im Wurzelchakra und im Scheitelchakra zu Kontakten und werden somit zu Erlebnissen.

- Diese Vorgänge in den Chakren konkretisieren sich folglich in den Kshetrams und werden dann in den Aurapunkten zu „Einladungen" an die Welt.

Die Aurapunkte sind sozusagen „Andock-Punkte", also Steckdosen, die das in der Welt einladen, was als Stecker in diese Steckdosen paßt. Die inneren Bilder in den Chakren werden zu Einladungen an die Menschen und Dinge in der Welt, sich – wenn sie dazupassen – zu einem zu gesellen.

Das ist derselbe Vorgang wie in der Physik, der Chemie und der Biologie: Protonen und Elektronen lagern sich zu Atomen zusammen, Atome lagern sich zu Molekülen zusammen, und Moleküle lagern sich zu Zellen zusammen.

Was sich wo anlagert, hängt von der Oberfläche ab: von der Oberfläche der Atome und Moleküle bzw. von der Oberfläche der Lebenskraftkörper.

Was sich wo anlagert, hängt auch von der eventuell vorhandenen Polarisierung ab: Die positiv geladenen Protonen ziehen negativ geladene Elektronen an; die Verteilung der Elektronen rings um die Atomkerne zieht andere, zu ihnen passende Atome an; und die Verteilung der elektromagnetischen Ladung auf der Oberfläche der Moleküle zieht andere Moleküle an, deren Oberflächen-Ladungsverteilung zu ihnen paßt.

Dasselbe gilt auch für die Lebenskraftkörper: Mann und Frau ziehen sich an – aber auch Süchtiger und Asket, Täter und Opfer sowie Star und Fan ziehen sich an. Auf diese Weise entstehen sowohl Beziehungen als auch Lebensdramen.

Durch diese „Andock-Punkte" auf der Oberfläche des Lebenskraftkörpers zieht man die passenden Ergänzungen zu sich selber in sein Leben und bindet sie dann durch die Silberschnüre an sich. Diese Silberschnüre reichen von dem eigenen Andock-Punkt zu dem entsprechenden Andock-Punkt eines anderen Menschen.

Man kann sich natürlich fragen, wie „real" diese Silberschnüre sind, da sie aus Lebenskraft bestehen und die Lebenskraft lediglich die Grenze zwischen Bewußtsein und Materie ist. Die Wahrnehmung der Lebenskraft als milchigweißer Nebel oder als „flirrende Hitze" ist offensichtlich eine Illustration für etwas, was keine Form hat, da sowohl „Nebel" als auch „Hitze" Bilder aus dem physischen Alltag sind.

Der wesentliche Punkt ist jedoch, daß man mit den Lebenskraft-Phänomenen leichter umgehen kann, wenn sie ein Bild haben, das für alle magischen Belange funktioniert. Daher spricht nichts dagegen, von Andock-Punkten, Silberschnüren und ähnlichem zu sprechen.

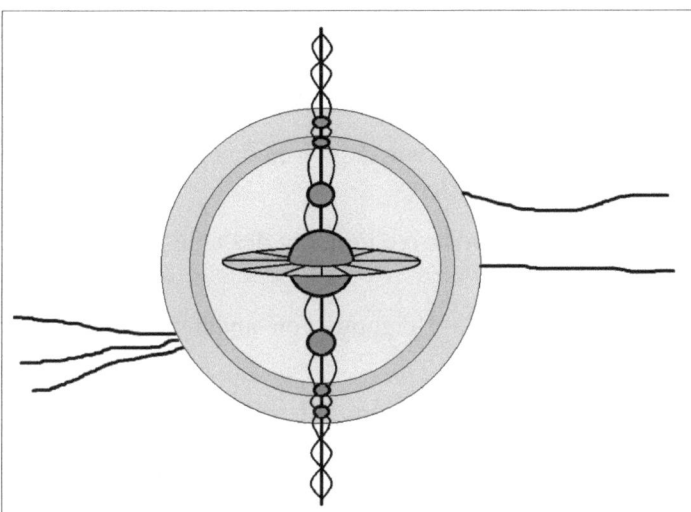

Man kann nun die in diesem Buch verwendete Graphik noch einmal durch die Silberschnüre, die von einem selber zu anderen Menschen oder Dingen führen, erweitern.

Die beiden Silberschnüre nach unten zur Erde und nach oben zur Sonne scheinen immer da zu sein – sie scheinen unabhängig von anderen Menschen zu sein.

der Lebenskraftköper mit drei Silberschnüren, die von der Vorderseite des Sonnengeflechts ausgehen (links), und je einer, die von der Rückseite des Herzchakras und des Halschakras ausgeht (rechts)

App 32: Auflösen einer Silberschnur

Das Auflösen einer Silberschnur ist recht einfach. Man kann es vollständig imaginativ durchführen oder mit physischen Hilfsmitteln. Diese Hilfsmittel erleichtern oft das Erlangen einer ausreichend intensiven Imagination, aber sie sind nicht unbedingt notwendig.

Der Anfang ist eine gute Diagnose: Worum geht es bei dem Problem des Ratsuchenden? Wenn er sich generell unwohl fühlt, ist es sehr fraglich, daß es sich um ein Silberschnur-Thema handelt. Wenn er eine Beziehung beendet hat und die Partnerin ihn einfach nicht loslassen will, geht es sehr deutlich um ein ein Silberschnur-Thema. Die meisten Themen liegen – wie dies bei fast allen Themen üblich ist – irgendwo dazwischen.

Angenommen, es handelt sich um ein Silberschnur-Thema – dann würde die magische Prozedur wie folgt aussehen:

   - Man klärt, ob der Ratsuchende wirklich diese Silberschnur trennen, d.h. diese Verbindung auflösen will.

- Man schaut vom Thema her oder per Traumreise/Intuition, an welchem Chakra und Aura-Punkt die Silberschnur ansetzt. Einige Beispiele sind:

- über dem Scheitelchakra: bisher kein Fall bekannt

- vor dem Dritten Auge: Verwirrung, weil man sich ständig an einem anderen Menschen orientiert

- hinter dem Dritten Auge: massive Prägung des eigenen Weltbildes durch die eigenen Eltern

- vor dem Halschakra: die Neigung, von anderen durch Worte gefügig gemacht zu werden

- hinter dem Halschakra: die Neigung, sich selber den Worten anderer, insbesondere der eigenen Eltern, zu unterwerfen

- vor dem Herzchakra: man sieht in einer bestimmten Beziehung oder Tat die einzige Möglichkeit, das, was man selber ist, auszudrücken und zu leben

- hinter dem Herzchakra: man ist durch die Kritik der eigenen Eltern an dem eigenen Charakter und der eigenen Lebensweise blockiert

- vor dem Sonnengeflecht: man hat eine Verbindung zu einem Menschen (seltener zu einem Tier), durch die man eingeengt wird und die man nicht loslassen kann
Dies ist der bei weitem häufigste Fall – soweit ich das beurteilen kann, machen diese Silberschnüre über 95% der Fälle aus.

- hinter dem Sonnengeflecht: man klammert sich haltsuchend an die eigenen Eltern o.ä. an

- vor dem Hara: man weicht ständig einem bestimmten Menschen oder einer bestimmten Situation aus

- hinter dem Hara: man glaubt, ohne einen bestimmten Menschen nicht lebensfähig zu sein

- unter dem Wurzelchakra: bisher kein Fall bekannt

- Nachdem das Problem erkannt und das betroffene Chakra herausgefunden worden ist – also in der Regel das Sonnengeflecht, d.h. der Punkt auf dem Bauch kurz unter dem Rippenbogen – nimmt man ein Messer, einen Dolch, ein Schwert o.ä. in die Hand.

Man sieht bzw. imaginiert die Silberschnur, die von dem eigenen Sonnengeflecht aus zu der anderen Person führt. Diese Silberschnur faßt man dann imaginativ mit der linken Hand 20cm vor dem eigenen Sonnengeflecht und trennt diese Silberschnur mit einem Schnitt oder Hieb zwischen der linken Hand und dem Sonnengeflecht durch.

- Man hält die Silberschnur weiterhin in der linken Hand, kniet sich auf die Erde, legt die linke Hand auf die Erde und reicht das Ende der Silberschnur imaginativ Mutter Erde.

Dies ist sinnvoll, weil sich sonst das abgetrennte Ende der Silberschnur wieder an die eigene Aura oder die eines anderen Menschen anheftet.

- Man zeichnet mit Drachenblut (gemahlenes Harz vom Drachenbaum), Weihwasser o.ä. ein Schutzzeichen wie ein Pentagramm oder Kreuz auf das eigene Sonnengeflecht. Notfalls kann man das Zeichen auch einfach mit einem Kugelschreiben auf das Sonnengeflecht malen.

Wenn das betroffene Chakra auf der Rückseite des eigenen Körpers liegt, braucht man einen Helfer, der das Abtrennen und das Zeichnen des Schutzzeichens übernimmt.

Es stärkt generell derartige Handlungen, wenn man einen Helfer oder auch einfach einen Zeugen dabei hat.

App 33: Aurareinigung

Die Aurareinigung ist ein eher unspezifischer Vorgang. Sie wird von einem oder mehreren Menschen an einem „Patienten" durchgeführt.

Das Wesentliche bei diesem Vorgang ist die Imagination, daß alles Fremde, Störende und Schädliche aus dem Lebenskraftkörper entfernt wird. Diese Imagination wird in der Regel durch passende Gesten wie Streichen über den Körper, Herausnehmen, Fortwerfen usw. unterstützt.

Die Wirksamkeit dieser Methode hängt zum einen von den Imaginationsfähigkeiten der Behandler ab und zum anderen von der Bereitschaft des Patienten, etwas loszulassen.

Wie gesagt: Diese Methode ist recht unspezifisch und ungenau und sie sollte daher nicht als Hauptlösungsmethode, sondern nur als Unterstützung anderer Methode verwendet werden.

App 34: Erschaffen einer Silberschnur

Man klärt, was man in dem eigenen Leben haben will, was man in das eigene Leben einladen will.

Dann sendet man ca. ein Dutzend Silberschnüre von dem eigenen Sonnengeflecht aus in die Welt. Die Anzahl dieser ausgesandten Silberschnüre sollte man so wählen, wie es sich gut anfühlt – es ist nicht so wichtig, ob es einer oder ein Dutzend oder hundert sind.

Diese Silberschnüre suchen dann das, was man sich gewünscht hat – sie sind sozusagen ein Einladungs-Rundschreiben an die passenden Menschen oder Ereignisse.

Wirkung: Klärung und Fülle

Durch die reinigenden Methoden wird eine größere Reinheit und Klarheit und Eindeutigkeit erlangt und durch die einladenden Methoden wird eine größere Fülle erreicht.

Wenn die Motivation bei diesen Methoden einsgerichtet ist, ist die Wirkung sehr schnell zu merken – oft schon nach wenigen Stunden. Doch dafür muß die Motivation bei dem Silberschnur-Durchtrennen bzw. bei dem Silberschnur-Aussenden widerspruchsfrei und einsgerichtet sein.

19. Die Urform der Selbstorganisation

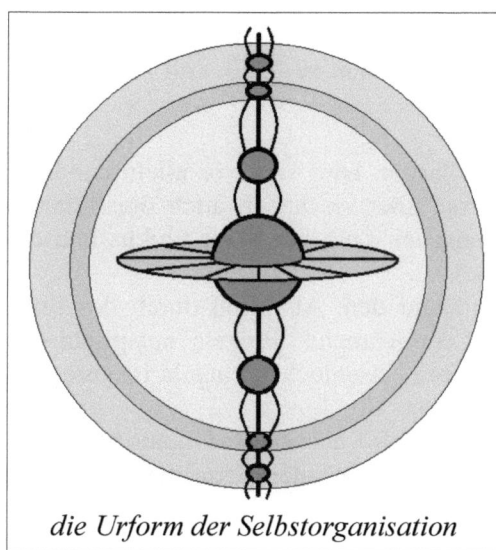

die Urform der Selbstorganisation

Aus den bisherigen Betrachtungen hat sich eine „Urform der Selbstorganisation" ergeben, die links noch einmal abgebildet ist.

Diese Form findet sich im Außen bei Galaxien, Sonnen und Atomen und im Innen bei dem Lebenskraftkörper.

Diese „Urform der Selbstorganisation" läßt sich auch gezielt in der Magie nutzen. Da sie sozusagen eine „Anatomie des Lebenskraftkörpers" ist, kann man, wenn man ein bestimmte eigene Fähigkeit fördern will, sich auf das für diese Fähigkeit zuständige Element des eigenen Lebenskraftkörpers konzentrieren, Traumreisen zu ihm unternehmen, in es hineinatmen usw.

Die einzelnen „Organe" des Lebenskraftkörpers haben die folgenden Funktionen:

- Das Herzchakra enthält die eigene Identität, d.h. es ist der „Tempel der Seele".

=> Die Heilung und Stärkung dieses Lebenskraft-Organs ist förderlich, wenn die eigene Identität unklar ist oder wenn die eigene Selbstgewißheit, Selbstsicherheit und Selbstliebe Schaden genommen haben.

- Die Scheibe rings um das Herzchakra ist mit dem eigenen Horoskop verbunden.

=> Die Heilung und Stärkung dieses Lebenskraft-Organs ist förderlich, wenn es einem an Selbsterkenntnis fehlt und man sich z.B. immer wieder anstrengt und keinen Erfolg hat. Dann wäre evtl. die Deutung des eigenen Horoskops hilfreich.

In der Gestalt der Traumreise zu sich selber, von Einweihungen und von Mysterien kann die Stärkung dieses Organs des Lebenskraftkörpers zu dem zentralen Erlebnis in der Magie und der Meditation führen: zu der Selbsterkenntnis, d.h. zu der Begegnung mit der eigenen Seele.

- Die <u>Sushumna</u> ist sozusagen das „Rückgrat" des Lebenskraftkörpers, die dem ganzen Halt verleiht.

> => Die Heilung und Stärkung dieses Lebenskraft-Organs ist förderlich, wenn man unsicher geworden ist, wenn einem schwindelig wird, wenn man desorientiert ist und wenn man zu Panik und Aktionismus neigt.

- <u>Ida und Pingala</u> sind die innere Polarität. Dies sind vor allem der heile innere Mann und die heile innere Frau, aber sie haben auch die Polarität „anregend – beruhigend" wie im physischen Leib der Sympathikus und der Parasympathikus (zwei Nervensysteme).

Im Yoga entspricht Ida dem Mond und dem Atemfluß durch das linke Nasenloch – Ida ist beruhigend und aufnehmend. Pingala entspricht der Sonne und dem Atemfluß durch das rechte Nasenloch – Pingala ist anregend und durchsetzungsstark.

> => Die Heilung und Stärkung dieses Lebenskraft-Organs ist förderlich, wenn man Beziehungsprobleme hat oder wenn man zu passiv oder zu aktiv ist. Wenn man im Extremfall zu Depressionen oder Panikattacken oder zu dem ständigen Wechsel zwischen beidem neigt, sollte man eher die Sushumna stärken als zu versuchen, Ida und Pingala auszugleichen, da die Sushumna die allgemeine Stabilität ist.

- Die <u>innere Zone des Lebenskraftkörpers</u> ist der Bereich des hemmungslosen Selbstausdrucks.

> => Die Heilung und Stärkung dieses Bereiches ist förderlich, wenn es einem an Impulsen und an Emotionen fehlt.

- Die <u>mittlere Zone des Lebenskraftkörpers</u> ist der Bereich der Konkretisierung des eigenen Selbstausdrucks.

> => Die Heilung und Stärkung dieses Bereiches ist förderlich, wenn es einem an Klarheit, Kraft und Grenzen fehlt.

- Die <u>äußere Zone des Lebenskraftkörpers</u> ist der Bereich, in dem man die Dinge, durch die man sich ausdrücken will, konkret verwirklicht und erlebt.

> => Die Heilung und Stärkung dieses Bereiches ist förderlich, wenn es einem an Kontakten und Erlebnissen fehlt.

- Die <u>sechs äußeren Chakren</u>

> => Die Heilung und Stärkung dieser Lebenskraft-Organe ist förderlich, wenn das eigene Leben nicht so läuft, wie man sich das wünscht.

- Die <u>Verbindung zur Erde</u> gibt Lebenskraft und stärkt und erdet und beruhigt.

=> Die Heilung und Stärkung dieser Verbindung ist förderlich, wenn man sich entweder schwach oder vom Leben isoliert fühlt.

In der Gestalt der Kundalini-Erweckung ist diese Verbindung eines der stärksten Hilfsmittel in der Magie, die bekannt sind.

- Die <u>Verbindung zur Sonne</u> hilft, sich zu zentrieren und die Inhalte der eigenen Psyche zu integrieren.

=> Die Heilung und Stärkung dieser Verbindung ist förderlich, wenn man sich von vielen verschiedenen Einflüssen getrieben und verunsichert fühlt.

In der Gestalt des Herabrufens des Bindhus und allgemeiner in der Form von Invokationen ist dies eine zweite, sehr wirksame Magie-Methode.

- Die <u>Silberschnüre</u> sind die Verbindungen zu anderen Menschen und Dingen, die man aufgrund der Bilder und Impulse in den eigenen Chakren in das eigene Leben gezogen hat.

=> Die Heilung und Stärkung dieses Organs ist förderlich, wenn man Dinge erlebt, die man nicht erleben will (Durchtrennen von Silberschnüren) oder wenn man Dinge nicht erlebt, die man gerne erleben würde (Aussenden von Silberschnüren).

Wenn einem diese „Anatomie des Lebenskraftkörpers" geläufig geworden und durch ausreichend viele Erfahrungen auch vertraut geworden ist, kann man die Stärkungen und Aktivierungen seiner Organe, Bereiche und Verbindungen auch spontan und ohne großen Aufwand nutzen. Für diese Aktivierung kann dann eine kurze und intensive Imagination oder ein kurzes Atmen in den betreffenden Bereich ausreichen.

Das Fundament bleibt bei allem jedoch stets der Kontakt zur eigenen Seele, d.h. das Ruhen im eigenen Herzchakra.

Wirkung: Souveränität

Die Wirkung der Verwendung dieser Landkarte für das Ergreifen von „Sofortmaßnahmen" kann zu einer größeren Eigenständigkeit und Handlungsfähigkeit führen: Man weiß, wann was als Erste Hilfe oder als spontane Aktion zu tun ist.

20. Die Wege der Magie

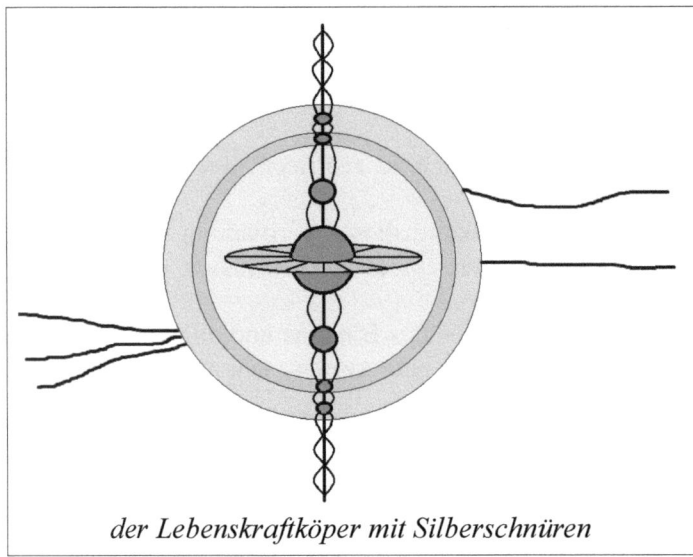

der Lebenskraftköper mit Silberschnüren

Die im vorigen Kapitel dargestellte „Landkarte der Magie", die links noch einmal abgebildet ist, ermöglicht auch, die verschiedenen Formen der Magie in eine einzige Graphik einzuordnen und dadurch das Verhältnis der Methoden zueinander und auch das Verhältnis der einzelnen Methoden zu einer bestimmten Lebenshaltung zu erkennen.

Grundsätzlich kann man dabei zwei Magie-Bereiche unterscheiden: zum einen die magische Wahrnehmung, also die Telepathie; und zum anderen die magische Handlung, also die Telekinese und die Zufalls-Lenkung.

Im Folgenden werden einige der bekannteren Formen der Magie aufgeführt, wobei sie in dieser Liste entsprechend ihrer Lage in dem Lebenskraftkörper von innen (Herzchakra) nach außen hin (Silberschnüre) geordnet sind.

Die folgende Liste ist nicht vollständig, da sich die verschiedenen Richtungen immer feiner unterscheiden ließen und es sehr viele Mischformen gibt. Diese Liste ist also nur als Unterstützung für eine Grob-Orientierung gedacht.

- <u>Herzchakra-Magie</u>: Diese Richtung der Magie geht davon aus, daß die Ausrichtung auf die Seele im Herzchakra die solideste Grundlage der Magie ist und die Selbsttreue letztlich die Magie in Gang setzt. Das schließt natürlich keineswegs aus, daß zusätzlich zu der Erkenntnis der eigenen Seele auch eine Kenntnis der eigenen Psyche und ihre Heilung notwendig sind. Die Annahme und Erfahrung bei dieser Methode ist, daß die Magie spontan im eigenen Leben entsteht, wenn das Licht der eigenen Seele ungehindert und unverzerrt durch die Psyche nach außen strahlen kann. In diesem Magie-Verständnis ist die Seele die Quelle der Magie.

- <u>Yoga</u>:   Die Methoden des Yoga sind sehr vielfältig, aber es gibt eine Betonung der Sushumna, die sich auch in der Wirkung des Yoga, also in Ruhe, Gelassenheit und Selbstsicherheit zeigt.

- <u>Runen-Magie</u>:   Durch die Runen-Magie werden ähnlich wie durch das Yoga die Sushumna und Chakren allgemein aktiviert.

- <u>Tantra</u>:   Das Tantra erweckt die Kundalini und es kann auch die Lebenskraft in Ida und Pingala miteinander verbinden und harmonisieren.

- <u>Chaos-Magie</u>:   Diese Richtung der Magie läßt die Frage der Weltordnung als unwichtig beiseite und konzentriert sich auf die Durchsetzung des eigenen Willens. Diese Magie-Richtung ist offenbar auf die Impulse und Gefühle im Sonnengeflecht und Halschakra ausgerichtet.

- <u>Kampfmagie</u>:   Bei dieser Magie-Richtung wird vor allem das Sonnengeflecht des Gegners angegriffen. Auch das Stiften von Verwirrung im Dritten Auge des Gegners u.ä. ist denkbar. Weiterhin spielt auch das Hara als das Chakra des inneren Halts eine große Rolle. Die Kampfmagie betont generell die drei unteren Chakren, da der Kämpfer danach strebt, dominant zu sein.

- <u>Ritual-Magie</u>:   Diese nach Vorschriften geordnete Form der Magie eignet sich vor allem für Menschen, die eine ausgeprägte Betonung des Haras und des Dritten Auges haben.

- <u>Ordens-Magie</u>:   Für die Ordens-Magie gilt dasselbe wie für die Ritual-Magie: Sie weist auf eine Betonung des Haras und Dritten Auges hin. Allerdings kommt bei der Ordens-Magie noch der Wunsch nach einer Gemeinschaft hinzu, was einer Betonung des Wurzelchakras und des Scheitelchakras entspricht.

- <u>Sigillen-Magie</u>:   Bei diesem Magie-Stil wird eine konkrete Absicht (Hara) in der Form einer Sigille imaginiert und dann ausgesendet (Silberschnur). Hier zählt nur die magische Erfüllung des einzelnen, konkreten Bedürfnisses.

- <u>Pragmatische Magie</u>:   Auch bei dieser Magie-Richtung zählen wie der Sigillen-Magie und ähnlich wie bei der Chaos-Magie nur die konkreten Ergebnisse – es geht darum, das, was man will, auch zu erreichen. Die pragmatische Magie benutzt also wieder das Hara (konkretes Ziel), das Wurzelchakra (Aktivierung von Lebenskraft) und die Silberschnur (ausgesandte Lebenskraft).

- <u>Neoschamanismus</u>:   In dieser Magie-Richtung zählen die eigenen Erlebnisse sowie die dadurch erlangten Kontakte zu Geistern und Göttern, mit deren Hilfe man dann Magie bewirken kann. Hier ist also alles auf das Wurzelchakra und auf das Scheitelchakra ausgerichtet.

- <u>Kundalini</u>:   Durch die Verbindung zur Erde kann die Kundalini aktiviert werden. Das dazu gehörige Chakra ist das Wurzelchakra.

- <u>Invokationen</u>:   Durch die Verbindung zur Sonne kann allgemein das Bindhu aktiviert werden und es können speziell bestimmte Gottheiten angerufen werden. Das dazu gehörige Chakra ist das Scheitelchakra.

- <u>Theurgie</u>:   Auch diese Richtung der Magie beruht auf dem durch das Scheitelchakra ermöglichten Kontakt zu den Göttern, die einem dann anschließend Rat und Hilfe senden. Diese Form der Magie ist unter vielen Namen bekannt. So ist sie z.B. auch von den germanischen Seherinnen angewendet worden.

- <u>Mystik</u>:   Auch hier wird das Scheitelchakra aktiviert, um den Kontakt zu Gott, Allah, Brahma usw. zu erlangen. Die anschließende Nutzung dieses Kontaktes zum Ausüben von Magie wird in den einzelnen Religionen sehr verschieden beurteilt. So muß diese Magie im Christentum als „Gottes Hilfe" o.ä. bezeichnet werden, im Islam nutzt man sie, aber spricht nicht darüber, und im Hindhuismus werden die „Siddhis" als zwar real, aber als Ablenkung eingestuft.

- <u>Geister</u>:   Das Beschwörungen von Geistern, das Anrufungen von Ahnen, der Spiritismus, der Ahnenkult, die Familienaufstellungen usw. benutzen allesamt die Silberschnüre, um eine Verbindung zu den Verstorbenen herzustellen, um von ihnen Rat und Hilfe zu erhalten.

- <u>Evokationen</u>:   Auch bei dem Anrufen von Geistern, Dämonen, Göttern usw., damit diese sichtbar und hörbar erscheinen, sind die Silberschnüre als die Verbindungen zu diesen Wesen das zentrale Element.

- <u>Talisman-, Amulett- und Fetisch-Magie</u>:   Bei dieser Magie-Richtung wird das konkrete Wunsch-Bild, das man im eigenen Hara bzw. im eigenen Dritten Auge in sich trägt, durch eine materielle Form sozusagen materialisiert. Diese

Erdung des Wunsches fördert die Aussendung von Silberschnüren zu den erwünschten Menschen, Wesen, Gegenständen oder Ereignissen.

- <u>Schadenszauber</u>: Auch bei Schadenszaubern spielen die Silberschnüre als die Verbindung zu dem Opfer eine zentrale Rolle. Oft wird diese Verbindung mithilfe von einem Haar, etwas Speichel, dem abgeschnitten Stück eines Fingernagels o.ä. des Opfers hergestellt. Am bekanntesten von dieser Art der Magie – die übrigens auch für Heilungen verwendet werden kann – ist sicherlich das berühmt-berüchtigte Voodoo-Püppchen.

- <u>Naturmagie</u>: In dieser auch „Wicca" genannten Magie-Richtung spielen die Silberschnüre als die Lebenskraft-Verbindungen zu den Naturgeistern und zu den Göttern, aber auch als die Lebenskraft-Verbindungen zwischen den Ritual-Teilnehmern selber eine wichtige Rolle. Hier gibt es jedoch auch noch andere Elemente wie Invokationen, Heilungen, Traumreisen, Schadenszaubern usw., die jedoch alle auch einen Schwerpunkt auf den Silberschnüren haben.

- <u>Alchemie</u>: Bei dieser Richtung werden die gesamten magischen Vorgänge auf die Materie übertragen, die der Alchemist zu verwandeln versucht. Folglich sind auch hier die Silberschnüre das zentrale Element.

- - -

Es gibt bei der Magie eine Unterscheidung, die nur selten beachtet wird und die vermutlich mit dem Zustand der Chakren bzw. mit dem Horoskop zusammenhängt: Sie betrifft die Art und Weise, in der magische Wünsche in Erfüllung gehen.
Hier scheint es mindestens drei Varianten zu geben:

- Die magischen Wünsche gehen präzise so in Erfüllung wie man es gewollt hat.

- Die magischen Wünsche gehen wörtlich in Erfüllung, d.h. man erhält z.B. genau die Art von Mietwohnung, die man sich gewünscht hat, aber sie ist viel zu teuer, weil man vergessen hat, sie sich „billig" zu wünschen.

- Die magischen Wünsche gehen mitsamt ihres assoziativen Umfeldes in Erfüllung, d.h. man findet z.B. eine neue Beziehung, aber da man noch immer eine Angst vor Unterdrückung in sich trägt, stellt sich nach einer Weile heraus, das die betreffende Frau extrem dominant ist.

- - -

Generell scheinen sich Menschen, die Magie ausüben, für ihre Zauber den Ort auf der „Landkarte der Magie" auszusuchen, der sowohl ihren Stärken als auch ihren Schwächen entspricht. Das, was sie gut können, ist ihr bestes Hilfsmittel, und das, was sie schlecht können, ist der Bereich, der am meisten Aufmerksamkeit und Hilfe benötigt.

In den meisten Fällen scheint dies eines der drei Chakrenpaare zu sein, wobei das eine Chakra die Stärken und das andere die Schwächen dieses Menschen repräsentiert. Aber es gibt natürlich auch Magier, die schon weitgehend heil geworden sind, d.h. die ihre internen Polarisierungen weitgehend aufgelöst haben. In diesem Fall benutzen sie einfach ihre Vorlieben, ihre Sicht auf die Welt als Leitfaden – was sich beides in ihren Horoskopen wiederfinden läßt.

- - -

Es gibt noch einen grundlegenden Unterschied in den drei Bereichen bzw. in den beiden Chakra-Dreiergruppen:

> - Dem innerste Bereich, in dem das Sonnengeflecht und das Halschakra liegen, entsprechen schwingende Töne, d.h. Gesang und Chant und in geringerem Maße auch Mantra und Lyrik.

> - Dem mittleren Bereich, in dem das Hara und das Dritte Auge liegen, entsprechen die gesprochenen, präzisen und ausführlichen Texte.

> - Dem äußeren Bereich, in dem das Wurzelchakra und das Scheitelchakra liegen, entsprechen Rufe und einfache instinktive Tönen wie Lachen, Weinen, Stöhnen und Schreie sowie kurze, prägnante Worte.

Diesen Zusammenhang wird man in der Magie meistens schon anwenden ohne ihn zu kennen: Emotionale Magie bevorzugt Gesänge, Ordens-Rituale haben viele Worte, und Sigillen-Magie reduziert alles auf ein einzelnes Wort oder Zeichen.

Wirkung: Übersicht

Die Wirkung dieser Betrachtungen können helfen, etwas mehr Übersicht über die verschiedenen „Magie-Schulen" und über die verschiedenen Magie-Stile der einzelnen Magier zu erhalten. Das kann sowohl im Gespräch als auch in der Zusammenarbeit hilfreich sein.

21. Die Sonnenmilch

Von der „Anatomie des Lebenskraftkörpers" kann man eine Imagination ableiten, die ausgesprochen angenehm ist: die „Sonnenmilch".

Diese Imagination ist sehr schlicht: Man läßt von dem Herzchakra aus goldenes Herzlicht (die „Sonnenmilch") nach oben und unten in die sechs äußeren Chakren fließen.

Da diese Lebenskraft aus dem Herzchakra kommt und dieses Chakra in der Wahrnehmung vieler Menschen golden leuchtet, leuchtet auch die Lebenskraft, die aus diesem „Sonnenchakra" nach oben und unten fließt, golden.

Diese Lebenskraft bewegt sich wie eine leicht viskose Flüssigkeit – in etwa wie eine Mischung aus etwas Milch und viel Honig: Das Herzchakra ist in dem Lebenskraftkörper auch „das Land, in dem Milch und Honig fließen". Dieses Land ist das Jenseits, das letzlich ganz einfach das „Seelen-Reich", die „Seelen-Ebene" ist. … und in dieser Ebene befindet sich die Seele auch während der eigenen Inkarnation – weshalb das Herzchakra eben das Land ist, „in dem Milch und Honig fließen".

Diese Herzchakra-Lebenskraft entspricht auch den Ritualtränken der verschiedenen Völker. Zunächst war dieser Trank die Milch der Muttergöttin, die die Toten mit ihrer Milch im Jenseits stillte, nachdem sie die Toten als Seelen im Jenseits wiedergeboren hatte. Später wurde diese Milch dann zu dem Ritualtrank, der selber die Wiedergeburt im Jenseits bzw. die Bewußtheit über die eigene Seele verlieh.

Dieser Trank ist als der Göttermet der Germanen und der Kelten bekannt geworden, als das Soma amrita der Inder, als das Nektar ambrosia der Griechen, als die Milch der ägyptischen Göttin Hathor, als der Balché-Trank der Mayas, als das Unsterblichkeits-Elixier der Alchemisten, als der Abendmahlswein der Christen (die die Milch zu Blut umgedeutet haben) usw.

Der Soma-Trank schimmerte durch das Öl der Soma-Pflanze golden, der Honig als Met-Grundlage war golden und auch das Innere der Seerose, die in dem Balché-Trank schwamm, war gelb-golden.

Zudem wird die eigene Seele von vielen Menschen als Sonne, als goldene Kugel, als goldene Gestalt, als goldenes Licht usw. gesehen.

Der etwas poetische Name „Sonnenmilch" trifft also auf viele Phänomene im Zusammenhang mit dem Herzchakra zu.

Durch diese schlichte „Sonnenmilch"-Meditation wird man ganz erfüllt, satt, entspannt, friedlich und man beginnt zu lächeln. Diese Qualität, die die alten Ägypter „hotep" genannt haben, könnte man heute am ehesten als „Seelenfrieden" bezeichnen, obwohl diesem Wort diese wärmende Qualität und dieses „am richtigen Ort ankommen" der „Sonnenmilch" fehlt.

Das Zulassen des Fließens dieser Sonnenmilch vom Herzchakra in die sechs äußeren Chakren ist die einfachste und zugleich gründlichste Form der Magie.

22. Dauerhafte Silberschnüre

Die bisher beschrieben Silberschnüre waren Lebenskraft-Verbindungen, die erschaffen und auch wieder aufgelöst werden können. Es gibt jedoch auch einige dauerhafte, d.h. lebenslange Silberschnüre.

Diese dauerhaften Silberschnüre kann man in vier Gruppen einteilen:

1. Gruppe:

- Dies ist die Seele, die der Kern des Lebenskraftkörpers ist. Der Lebenskraftkörper (und auch der physische Körper) existiert nur solange, solange die Seele in ihm ist. Das bedeutet, daß der Lebenskraftkörper (mit einer Silberschnur) mit der Seele verbunden ist.

2. Gruppe:

- Ob die Seele eine Silberschnur zu der astrologischen Prägung hat, ist unklar. Falls die astrologische Prägung, also das eigene Horoskop, tatsächlich in den 12 Blütenblätter des Herzchakras verankert sein sollte, die dem zwölfteiligen Tierkreis entsprechen könnten, wäre das Herzchakra sozusagen von dem Horoskop ihrer derzeitigen Inkarnation eingehüllt. Aber das ist – wie bereits gesagt – sehr unsicher und nur eine bisher unbewiesene Theorie.

- Die Lebenskraftverbindung zwischen dem Lebenskraftkörper und dem physischen Körper ist die klassische Form der Silberschnur.

3. Gruppe:

- Die Seele ist sozusagen ein „Tropfen" von dem „Meer" einer Gottheit. Diese Gottheit ist daher die Schutzgottheit und die „Quelle" der Seele. Hier besteht die Verbindung zwischen Seele und Gottheit.

- Schließlich gibt es noch Gott als die Quelle aller Götter und als das Gesamt-Bewußtsein der Welt. Hier besteht die Verbindung von der Seele über die Gottheit zu Gott.

4. Gruppe:

- Das Krafttier ist das Tier, dessen Dynamik am genauesten der Dynamik der Seele und ihrer Absicht für ihre derzeitige Inkarnation entspricht.

- Die Kraftpflanze ist die Pflanze, deren Haltung am genauesten der Haltung der Seele und ihrer Absicht für ihre derzeitige Inkarnation entspricht.

- Der <u>Kraftstein</u> ist der Stein, dessen Struktur am genauesten der Struktur der Seele und ihrer Absicht für ihre derzeitige Inkarnation entspricht.

- Der <u>Kraftpilz</u> ist der Pilz, dessen Gemeinschaftsform am genauesten der Gemeinschaftsform der Seele und ihrer Absicht für ihre derzeitige Inkarnation entspricht. Der Charakter des Kraftpilzes ist jedoch noch weitgehend unerforscht – ob er tatsächlich die Form der Gemeinschaft darstellt, ist daher derzeit noch unsicher.

Wirkung: Stabilität

Die Beständigkeit dieser Silberschnüre und des aus ihnen bestehenden „magischen Rahmens" der derzeitigen Inkarnation geben Halt und Orientierung und sind letztlich auch das Fundament der eigenen Identität.

23. Die drei Kreise der Aura

Wenn man die bisherigen Betrachtungen noch einmal anschaut, läßt sich noch eine weitere Struktur des Lebenskraftkörpers erkennen. Sie besteht aus drei Kreisen. Alle diese Kreise haben das Herzchakra als Zentrum.

- Der 1. Kreis liegt waagerecht und besteht aus den zwölf Blütenblättern des Herzchakras, die wahrscheinlich dem Tierkreis und somit auch dem Horoskop des betreffenden Menschen entsprechen.

- Der 2. Kreis verläuft von unten nach vorne noch oben nach hinten und wieder nach unten. Auf ihm befinden sich die zwölf Aura-Punkte, die den Chakren entsprechen: der Verbindungs-Punkt zur Erde am Wurzelchakra, der Verbindungs-Punkt zur Sonne am Scheitelchakra, die fünf Punkte der fünf mittleren Chakren vorne auf der Aura und ihre fünf Punkte hinten auf der Aura.

- Der 3. Kreis verläuft von unten nach links nach oben nach rechts und wieder nach unten. Ob auch er eine Zwölferteilung hat, ist unklar, aber es scheint doch recht wahrscheinlich zu sein.

Diese drei Kreise haben haben alle dasselbe Zentrum sowie insgesamt sechs Schnittpunkte. Dies sind:

- Das Zentrum ist das Herzchakra. Dies ist die Quelle des ganzen Lebenskraftkörpers.
  => Dieser Punkt ist bei so gut wie jeder magischen Handlung direkt (als konkrete Motivation) oder indirekt (als allgemeine Zentriertheit) von großer Bedeutung.

- An dem unteren Punkt schneidet der vorne/hinten-Kreis den links/rechts-Kreis. Dies ist die Verbindung zu der stärkenden Lebenskraft der Erde.
  => Dieser Punkt ist für die eigene Erdung, für die Standfestigkeit, die Gesundheit, das Erwecken der Kundalini usw. wichtig.

- An dem oberen Punkt schneidet ebenfalls der vorne/hinten-Kreis den links/rechts-Kreis. Dies ist die Verbindung zu der integrierenden Lebenskraft der Sonne.
  => Dieser Punkt wird bei Invokationen, Integrierungen, Heilungen, Bewußtseinserweiterungen, Invokationen, Gebeten u.ä. benötigt.

- An dem <u>vorderen Punkt</u> schneidet der waagerechte Kreis den vorne/hinten-Kreis. Dies ist der Punkt der größten Aufmerksamkeit und der Handlungen und Projekte.

> => Dieser Punkt ist für alles, was man konzentriert tut, wichtig. Er befindet sich vorne vor dem Herzchakra an der Stelle, an der man beide Hände hält, wenn man z.B. etwas Kompliziertes zusammenbauen will.

- An dem <u>hinteren Punkt</u> schneidet ebenfalls der waagerechte Kreis den vorne/hinten-Kreis. Dies ist der Punkt, an dem sich idealerweise die Freude der eigenen Eltern über den ganz individuellen Charakter ihres Kindes befindet.

> => Dieser Punkt ist der zentrale Punkt bei Familienaufstellungen, da hier der Segen der eigenen Eltern empfangen wird. Idealerweise stehen die Eltern hinter einem und hinter den Eltern die vier Großeltern, hinter diesen die acht Urgroßeltern usw. und geben ihrem Nachkommen Halt und Rat und Hilfe.
>
> Hinter dem eigenen Rücken oder manchmal ganz hinten hinter all den Ahnen steht auch die eigene Schutzgottheit. Sie kann allerdings auch über einem erscheinen – hinter dem eigenen Rücken gibt sie Rückhalt, oben gibt sie Inspiration.

- An dem <u>linken Punkt</u> schneidet der waagerechte Kreis den links/rechts-Kreis. Dies ist der Punkt, an dem oft die heile innere Frau erscheint – sie ist mit dem Lebenskraftkanal Ida verbunden.

> => Dieser Punkt ist manchmal bei Aufstellungen und evtl. auch bei Tantra-Meditationen und Tantra-Ritualen von Bedeutung.

- An dem <u>rechten Punkt</u> schneidet der waagerechte Kreis den links/rechts-Kreis. Dies ist der Punkt, an dem oft der heile innere Mann erscheint – er ist mit dem Lebenskraftkanal Pingala verbunden.

> => Auch dieser Punkt ist hauptsächlich bei Aufstellungen bei Tantra-Meditationen und Tantra-Ritualen von Bedeutung.

Man kann diese sieben Punkte auch in die „Magie-Landkarte" eintragen, die nun jedoch allmählich anfängt, recht komplex zu werden:

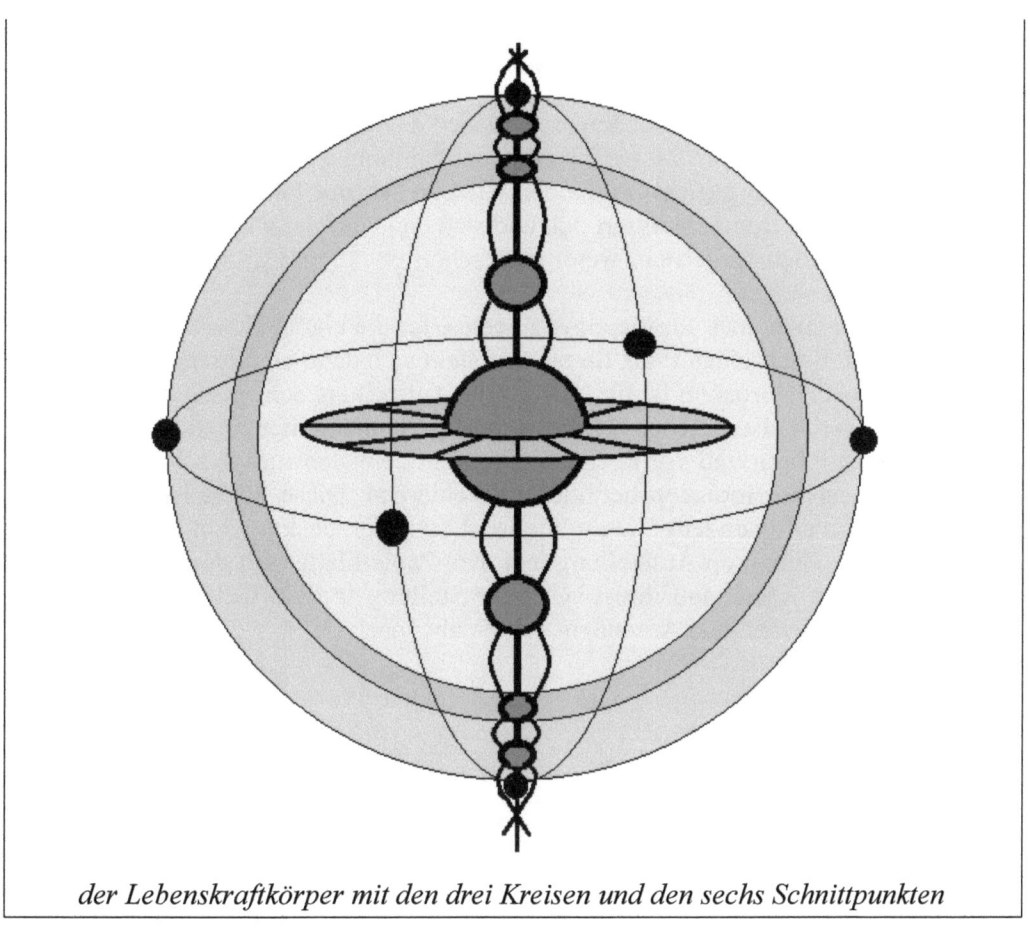

der Lebenskraftkörper mit den drei Kreisen und den sechs Schnittpunkten

24. Aufstellungen

Um die Qualitäten der verschiedenen „Organe" des Lebenskraftkörpers besser kennenzulernen, kann man für sie eine Familienaufstellung durchführen. Das bedeutet, daß man diese Struktur auf den Fußboden aufzeichnet, mit Fäden oder einigen Blättern Papier aif dfem Boden markiert o.ä. und sich dann auf die entsprechenden Stellen stellt. Es ist natürlich förderlich, wenn man schon etwas Erfahrungen mit Familienaufstellungen hat.

Dasselbe kann man auch für die eigene Seele oder die eigene Schutzgottheit durchführen – man definiert einen Platz für sie und stellt sich dann an diesen Ort.

Auch das eigene Horoskop ist für eine solche Aufstellung sehr geeignet. Zum einen kann man dadurch die eigenen Planeten besser kennenlernen, evtl. ein Gespräch zwischen ihnen führen und vor allem die Stelle in dem Zentrum des Tierkreises, auf dem sich das eigene Horoskop befindet, kennenlernen. Diese Stelle ist das bewußte Ich, das das eigene Leben lenkt. Diese Stelle ist dem Herzchakra recht ähnlich.

Für solch eine Horoskop-Aufstellung legt man Papierblätter mit den Planeten-Symbolen so in einen Kreis, daß ihre Lage ihrer Stellung in dem Geburtshoroskop des Betreffenden entspricht. Der Aszendent sollte dabei nach Osten weisen.

25. Zusammenfassung

Diese „Anatomie des Lebenskraftkörpers" kann helfen, sich zu orientieren – sowohl in sich selber als auch in den verschiedenen Formen der Magie.

Sie kann weiterhin dabei helfen, den Ort von Problemen in dem eigenen Leben und somit auch in dem eigenen Lebenskraftkörper ausfindig zu machen, was wiederum dabei hilft, eine passende Heilmethode zu finden.

Diese „Anatomie des Lebenskraftkörpes" ist auch eine „Landkarte der Magie", die zeigt, wie Magie auf dem Weg vom Herzchakra zu den Silberschnüren entsteht und welche Teile dieses Weges man evtl. noch effektiver machen könnte.

Diese Landkarte zeigt auch, in welchen Situationen man welche Teile des Lebenskraftkörpers als Erste-Hilfe-Maßnahme durch eine Imagination stärken sollte. In der Regel wird dies entweder das Herzchakra oder die Sushumna sein.

Dabei ist vor allem die Imagination des Lebenskraft-Lichtstrahles, der vom Herzchakra in die Erdmitte hinuntergeht, dann als Feuer-Drache wieder emporsteigt, dann als Lebenskraft-Lichtstrahl zur Sonne emporsteigt und von dort als Licht-Vogel wieder in das Herzchakra herabkommt, sehr hilfreich. Dies ist beinahe ein Universal-Hilfsmittel.

Weiterhin hilft die Kenntnis dieser Anatomie-Karte des Lebenskraftkörpers und seiner Verbindungen nach außen auch bei dem Erwecken der Kundalini und bei Anrufungen.

Schließlich macht diese Landkarte auch die große Bedeutung des eigenen Herzchakras deutlich, das das Fundament des Lebenskraftkörpers und somit auch der Magie ist.

Bücher von Harry Eilenstein

- The Synthesis of Physics and Magic (192 p.)	- Money Magic for Beginners (60 p.)
- Telepathy for Beginners (60 p.)	- Magic Objects for Beginners (64 p.)
- Telepathy for Advanced Learners (52 p.)	- Shamanism for Beginners (52 p.)
- Telekinesis for Beginners (56 p.)	- Chakra-Magic for Beginners (148 p.)
- Life Force for Beginners (76 p.)	- Language of the Moon – for Beginners (128 p.)
- Kundalini for Beginners (104 p.)	- Self Knowledge for Beginners (60 p.)
- Astral Projection for Beginners (60 p.)	- Da'ath-Magic for Beginners (64 p.)
- Meditation for Beginners (60 p.)	- Astrology for Beginners (112 p.)
- Prophecy for Beginners (60 p.)	- Number Symbolism for Beginners (64 p.)
- Ritual Magic for Beginners (64 p.)	- Mandalas for Beginners (76 p.)
- Magic Chant for Beginners (108 p.)	- Crop Circles for Beginners (344 p.)
- Invocations for Beginners (52 p.)	- Feng Shui for Beginners (96 p.)
- Evocations for Beginners (62 p.)	- Magic Research for Beginners (140 p.)
- Auto-Movement for Beginners (60 p.)	
- Elves for Beginners (56 p.)	- Magic for Beginners – Anthology I (636 p.)
- Hypnosis for Beginners (56 p.)	- Magic for Beginners – Anthology II (616 p.)
- Love Magic for Beginners (52 p.)	- Magic for Beginners – Anthology III (684 p.)
	- Magic for Beginners – Anthology IV (580 p.)

Religion allgemein	**Inder**
- Die sieben Schritte des Lebens (428 S.)	- Dakini (80 S.)
- Muttergöttin und Schamanen (168 S.)	- Vajra (76 S.)
- Totempfähle (440 S.)	**Germanen**
- Der Urriese (168 S.)	- Die Götter der Germanen (87 Bände – siehe nächste Seite)
Jungsteinzeit	- Odin (300 S.)
- Göbekli Tepe (472 S.)	**Kelten**
- Die Göttin von Göbekli Tepe (144 S.)	- Cernunnos (690 S.)
Ägypten	- Taliesin (228 S.)
- Hathor und Re 1: Götter und Mythen im Alten Ägypten (432 S.)	- Der Kessel von Gundestrup (220 S.)
- Hathor und Re 2: Die altägyptische Religion – Ursprünge, Kult und Magie (396 S.)	- Der Chiemsee-Kessel (76)
- Isis (508 S.)	**Psychologie**
- Ma'at (200 S.)	- Über die Freude (100 S.)
	- Das Geheimnis des inneren Friedens (252 S.)
Christentum	- Das Beziehungsmandala (52 S.)
- Christus (60 S.)	- Gefühle und ihre Verwandlungen (404 S.)
- Die Biographie des Teufels (144 S.)	- einsgerichtet (140 S.)
Indogermanen	- Liebe und Eigenständigkeit (216 S.)
- Die Entwicklung der indogermanischen Religionen (700 S.)	- Von innerer Fülle zu äußerem Gedeihen (52 S.)
- Wurzeln und Zweige der indogermanischen Religion (224 S.)	**Heilung**
	- Die Symbolik der Krankheiten (76 S.)
Griechen	**Kunst**
	- Herz des Tanzes – Tanz des Herzens (160 S.)
- Pan (336 S.)	- Die Wurzeln der Kunst (60 S.)
- Poseidon (668 S.)	- Wege zur Musik-Improvisation (32 S.)
	Drama
	- König Athelstan (104 S.)

Eilenstein, Frater V.D., Knecht, Büdenbender	**Büdenbender, Eilenstein**
- Magie heute – Berichte aus der Praxis (288 S.)	- Chaos, Alk und Magic (436 S.)
- Living Magic (261 p.)	

„Magie für Anfänger"	**„Traumreisen"**
- Telepathie für Anfänger (60 S.)	- Traumreisen zu Heilpflanzen (700 S.)
- Telepathie für Fortgeschrittene (52 S.)	**Magie**
- Telekinese für Anfänger (52 S.)	- Handbuch für Zauberlehrlinge (408 S.)
- Analogien für Anfänger (56 S.)	- Wie man das Pentagramm-Ritual zum Leben
- Omen und Orakel für Anfänger (52 S.)	erweckt (308 S.)
- Lebenskraft für Anfänger (60 S.)	- Tarot (104 S.)
- Meditation für Anfänger (56 S.)	- Physik und Magie (184 S.)
- Kundalini für Anfänger (100 S.)	- Die Synthese von Physik und Magie (200S.)
- Hypnose für Anfänger (56 S.)	- Die Magie-Formel (156 S.)
- Auto-Movement für Anfänger (56 S.)	- Schwarze Löcher in der Magie (56 S.)
- Chakra-Magie für Anfänger (148 S.)	- Krafttiere – Tiergöttinnen – Tiertänze (112 S.)
- Astralreisen für Anfänger (56 S.)	- Schwitzhütten (524 S.)
- Astrologie für Anfänger (120 S.)	- Mythen und Magie der Harfe (116 S.)
- Astrologische Quadrate für Fortgeschrittene (72 S.)	- Drei Adeptus Major Rituale (192 S.)
- Silberschnüre für Anfänger (52 S.)	- Drei Adeptus Exemptus Rituale (120 S.)
- Zaubersprüche für Anfänger (60 S.)	- Zwei Infans Abyssi Rituale (128 S.)
- Ritual-Magie für Anfänger (56 S.)	- Die Magie der Propheten Elias und Elisa (96 S.)
- Mandalas für Anfänger (68 S.)	**Meditation**
- Geldzauber für Anfänger (56 S.)	- Der Lebenskraftkörper (230 S.)
- Liebeszauber für Anfänger (52 S.)	- Die Chakren (100 S.)
- Invokationen für Anfänger (52 S.)	- Das Chakren-System mit den Nebenchakren (296 S.)
- Evokationen für Anfänger (60 S.)	- Organe und Chakren (64 S.)
- Geister für Anfänger (52 S.)	- Die platonischen Körper in den Chakren (156 S.)
- Elfen für Anfänger (56 S.)	- Meditation (140 S.)
- Magie-Forschung für Anfänger (140 S.)	- Drachenfeuer (124 S.)
- Magie-Romantik für Anfänger (60 S.)	- Kundalini I (676 S.)
- Selbsterkenntnis für Anfänger (52 S.)	- Kundalini II (672 S.)
- Einweihungen für Anfänger (60 S.)	- Reinkarnation (156 S.)
- Drogen-Kabbala für Anfänger (216 S.)	- einsgerichtet (140 S.)
- Zahlensymbolik für Anfänger (60 S.)	**Astrologie**
- Die Sprache des Mondes – für Anfänger (116 S.)	- Astrologie (496 S.)
- Zaubergesänge für Anfänger (100 S.)	- Photo-Astrologie (428 S.)
- Zukunftschau für Anfänger (60 S.)	- Die astrologischen Aspekte (88 S.)
- Schamanismus für Anfänger (52 S.)	- Horoskop und Seele (120 S.)
- Schwitzhütten für Anfänger (52 S.)	**Kabbala**
- Magische Gegenstände für Anfänger (68 S.)	- Kursus der praktischen Kabbala (150 S.)
- Zaubertränke für Anfänger (64 S.)	- Eltern der Erde (450 S.)
- Magie-Gesten für Anfänger (252 S.)	- Blüten des Lebensbaumes:
- Ein Vielzweck-Zauber für Anfänger (104 S.)	- Die Struktur des kabbalistischen
- Übertragungen für Anfänger (68 S.)	Lebensbaumes (370 S.)
- Externe Prägungen für Anfänger (52 S.)	- Der kabbalistische Lebensbaum als
- Da'ath-Magie für Anfänger (64 S.)	Forschungshilfsmittel (580 S.)
- Magie-Heilungen für Anfänger (68 S.)	- Der kabbalistische Lebensbaum als
- Kornkreise für Anfänger (348 S.)	spirituelle Landkarte (520 S.)
- Feng Shui für Anfänger (96 S.)	- Logik und Wirkung der Analogie (700 S.)
- Tao für Anfänger (112 S.)	
- Magie für Anfänger – Sammelband I (696 S.)	
- Magie für Anfänger – Sammelband II (664 S.)	
- Magie für Anfänger – Sammelband III (580 S.)	
- Magie für Anfänger – Sammelband IV (700 S.)	
- Magie für Anfänger – Sammelband V (676 S.)	

Die Themen der 87 Bände der Reihe „Die Götter der Germanen"

1. Die Entwicklung der germanischen Religion
2. Lexikon der germanischen Religion
3. Der ursprüngliche Göttervater Tyr
4. Tyr in der Unterwelt: der Schmied Wieland
5. Tyr in der Unterwelt: der Riesenkönig   Teil 1
6. Tyr in der Unterwelt: der Riesenkönig   Teil 2
7. Tyr in der Unterwelt: der Zwergenkönig
8. Der Himmelswächter Heimdall
9. Der Sommergott Baldur
10. Der Meeresgott: Ägir, Hler und Njörd
11. Der Eibengott Ullr
12. Die Zwillingsgötter Alcis
13. Der neue Göttervater Odin   Teil 1
14. Der neue Göttervater Odin   Teil 2
15. Der Fruchtbarkeitsgott Freyr
16. Der Chaos-Gott Loki
17. Der Donnergott Thor
18. Der Priestergott Hönir
19. Die Göttersöhne
20. Die unbekannteren Götter
21. Die Göttermutter Frigg
22. Die Liebesgöttin: Freya und Menglöd
23. Die Erdgöttinnen
24. Die Korngöttin Sif
25. Die Apfel-Göttin Idun
26. Die Hügelgrab-Jenseitsgöttin Hel
27. Die Meeres-Jenseitsgöttin Ran
28. Die unbekannteren Jenseitsgöttinnen
29. Die unbekannteren Göttinnen
30. Die Nornen
31. Die Walküren
32. Die Zwerge
33. Der Urriese Ymir
34. Die Riesen
35. Die Riesinnen
36. Mythologische Wesen
37. Mythologische Priester und Priesterinnen
38. Sigurd/Siegfried
39. Helden und Göttersöhne
40. Die Symbolik der Vögel und Insekten
41. Die Symbolik der Schlangen, Drachen und Ungeheuer
42.a Die Symbolik der Herdentiere I
42.b Die Symbolik der Herdentiere II
43. Die Symbolik der Raubtiere

44. Die Symbolik der Wassertiere und sonstigen Tiere
45. Die Symbolik der Pflanzen
46. Die Symbolik der Farben
47. Die Symbolik der Zahlen
48. Die Symbolik von Sonne, Mond und Sternen
49.a Das Jenseits I – Das Hügelgrab
49.b Das Jenseits II – Der Jenseitsweg
50. Seelenvogel, Utiseta und Einweihung
51. Wiederzeugung und Wiedergeburt
52. Elemente der Kosmologie
53. Der Weltenbaum
54. Die Symbolik der Himmelsrichtungen und der Jahreszeiten
55.a Mythologische Motive I
55.b Mythologische Motive II
56. Der Tempel
57. Die Einrichtung des Tempels
58. Priesterin – Seherin – Zauberin – Hexe
59. Priester – Seher – Zauberer
60. Rituelle Kleidung und Schmuck
61. Skalden und Skaldinnen
62 Kriegerinnen und Ekstase-Krieger
63. Die Symbolik der Körperteile
64.a Magie und Ritual I
64.b Magie und Ritual II
64.c Magie und Ritual III
65. Gestaltwandlungen
66.a Magische Angriffs-Waffen
66.b Magische Verteidigungs-Waffen
67. Magische Werkzeuge und Gegenstände
68. Zaubersprüche
69. Göttermet
70. Zaubertränke
71. Träume, Omen und Orakel
72. Runen
73. Sozial-religiöse Rituale
74. Weisheiten und Sprichworte
75. Kenningar
76. Rätsel
77. Die vollständige Edda des Snorri Sturluson
78. Frühe Skaldenlieder
79.a Mythologische Sagas I
79.b Mythologische Sagas II
80. Hymnen an die germanischen Götter